U0634849

谁说资治通鉴不好看

SHUI SHUO
ZIZHI TONGJIAN
BU HAOKAN

启文 主编

中国国际广播出版社

图书在版编目（CIP）数据

谁说资治通鉴不好看 / 启文主编 . –– 北京：中国国
际广播出版社 , 2022.6
ISBN 978-7-5078-5128-1

Ⅰ . ①谁⋯ Ⅱ . ①启⋯ Ⅲ . ①中国历史—古代史—编
年体②《资治通鉴》—青少年读物 Ⅳ . ① K204.3-49

中国版本图书馆 CIP 数据核字 (2022) 第 110871 号

谁说资治通鉴不好看

主　编	启　文	
责任编辑	张　玥	
校　对	张　娜	
设　计	青蓝工作室	

出版发行　中国国际广播出版社有限公司 ［ 010-89508207（传真）］
社　址　北京市丰台区榴乡路 88 号石榴中心 2 号楼 1701
　　　　　邮编：100079
印　刷　金世嘉元（唐山）印务有限公司

开　本　720 毫米 × 1020 毫米　1/16
字　数　210 千字
印　张　16
版　次　2022 年 6 月　北京第一版
印　次　2022 年 6 月　第一次印刷
定　价　69.80 元

版权所有　盗版必究

前言

《资治通鉴》是我国北宋时期著名史学家司马光组织编写的一部规模空前的编年体史学巨著，由宋神宗取意"鉴于往事，有资于治道"而亲赐名。《资治通鉴》具有很高的史料价值：从战国写到五代十国，记载了16个朝代，共1362年的历史，内容博大，叙事有法，历代兴衰治乱本末毕具，能较客观地再现历史上治国用人的实况，备受历代统治者及文人学士的青睐，视之为必读之书。

《资治通鉴》不仅能让孩子学到历史知识，更能让孩子学到得失与成败，从大人物波澜壮阔的人生中总结出人生智慧，从小胸怀天下，具有正确的人生观和世界观。

《谁说资治通鉴不好看》是以《资治通鉴》为蓝本，从原著中甄选最为人所称道的百余精彩篇章，按时间顺序对其进行了整理编撰，将晦涩难懂的文言变成了通俗易懂的儿童语言，将历史变成了一段段生动有趣的故事。品读这些生动有趣的故事，孩子们可以更好地从古人身上反思，从而很好地涵养自己的品格。

书中还设置了"历史的角落"专栏，增强了趣味性和知识性，让孩子在读懂历史的基础上，学习相关的历史知识和文化常识，透彻地了解历史人物。同时，书中配有大量精美插图，生动形象地再现了经典历史场景，增强了艺术审美和想象力，让孩子如临其境。

希望小读者通过翻阅这套贴近儿童阅读习惯的历史读物，畅游历史，思考人生，感悟成长！

三家分晋

　　西周武王时期实行分封制，简单来说，就是把土地分封给子弟和有功的大臣。这些势力各据一方，久而久之，野心也越来越大。晋国经过七十多年的内战，只剩下了智伯、赵襄子、魏桓子和韩康子这四家。

智伯是四家中势力最大的一方，他挟制住了晋哀公，然后向其他三家发布命令："你们三家各出一百里土地，以壮大晋国，防止外敌来侵。"智伯的盘算是这样的：如果他们三家顺利割了地，自己的实力便会更加壮大；如果不给，那正好可以有理由派兵出战。

韩康子和魏桓子虽然不情愿，但为了"不惹事"，乖乖地送出了百里土地。赵襄子却很生气："那是我家祖祖辈辈传下来的土地，别人说拿就拿吗？告诉他们，我就是不给！"

赵襄子的恼怒在智伯的意料之中，智伯向另外两家下令："赵家不服君王，这就是反叛，现令你们两家带兵马跟我去平叛。"他秘密召集了韩康子和魏桓子，说："你们和我去平了赵家，他家的土地我们三家平分如何？"

韩康子和魏桓子互相看了看，回答说："可以！"他们本就惧怕智伯，以自己的实力与智伯抗衡，简直就是以卵击石，而现在答应他的条件，还可以分到夺来的土地，看起来很不错，于是很痛快地答应了。

赵襄子见势不妙，便退到了易守难攻的晋阳。虽然晋阳城墙高大、粮草充足，但城内缺少精良的兵器，军队的战斗力薄弱。

正当赵襄子心急如焚的时候，他的谋臣张孟谈献计说："您有所不知，当年晋阳城墙修建的时候就想到了这个情况，这宫墙里砌进了芦柴和荆条，可以抽出来制造箭杆，宫殿的柱子由铜铸成，可以用来铸造箭头和兵器。"

这下可解了赵襄子的燃眉之急，他马上派人扒了宫墙，拆了柱子，连夜赶制出许多精良的兵器，大大提高了将士们的士气。三家的兵马气势汹汹地来到城下，把晋阳围了个水泄不通。

战事僵持了两年，智伯觉得这样耗着不是办法，他围着晋阳四处勘察，终于想到了妙计。

智伯与韩、魏两家商议："晋阳北面的晋河水势不大，我们如果此时在河上修一条堤坝把水拦住，那么夏季水位上涨，只开晋阳那面的堤坝，这样，河水就会灌进晋阳城里。"

到了雨季，晋阳城里灌进了水。最初赵襄子还能抵挡得住，城里的军民都很拥护他，他们一致抗洪，坚持抵御外敌。但是，城里的粮食越来越少，而且整座城一直被水泡着，传染病也开始肆虐，眼看军民就要扛不住了。

此时，张孟谈又献上一计，赵襄子觉得很好，便让他去试试。张孟谈悄悄与韩、魏两家接触，对他们说："智伯最终是要吞掉整个晋国，自己做王，你们以为帮他打下了赵家，就可以分得赵家的土地吗？即使分得了一些土地，但想想之前智伯已经拿了你们各家百里土地，这些土地最终会属于你们吗？你们以后如何自处呢？"

韩、魏两家觉得张孟谈说得很有道理，都悄悄在心里盘算着。恰好这时，智伯约他们一起观察战场情势，智伯得意地说："你们看这水，如果再涨一两尺，那赵襄子就得向我跪地求饶了！水的力量，太强大了！"

韩康子和魏桓子突然觉得后背发凉，因为他们的城池也有大河经过，今日攻下赵襄子，那明日他们也会死在智伯的阴谋之下。于是，他们两家找到了张孟谈，三家联合起来，赵家正面对抗，韩、魏两家夹击，大破智伯军。智伯见势不妙，连忙找了个小船想从水路逃跑，但赵襄子早已命人做好了埋伏，智伯还没有上船就被伏兵一刀毙命。

公元前453年，本来打算吞并三家的智伯死后，三家将他家的土地瓜分，原晋国分为赵、韩、魏三家，晋国自此名存实亡。公元前403年，周威烈王封三家为诸侯。这就是著名的"三家分晋"。

历 史 的 角 落

《资治通鉴》为什么以三家分晋来开篇

因为"三家分晋"是战国开始的标志性事件，是春秋时期和战国时期的分界点，韩、赵、魏再加上同时代的秦、齐、楚、燕四个大国，形成了七雄并立的战国局面。《资治通鉴》就是以战国为开端进行编写的，自然要选择一个标志性的事件作为开篇。

大将吴起的悲剧

吴起出生在卫国一个很富裕的家庭中，他自小就很聪明，对官场也十分向往。于是，他到处寻找门路，打算谋得一官半职，出乎意料的是，他竟因此倾家荡产，被乡邻嘲笑。

吴起最初对这些嘲笑并不在意，但无论走到哪里，他总感觉有人对他指指点点，于是，他一气之下杀了三十多个讥笑、诽谤他的乡邻。

吴起杀了这么多人，也没有办法继续在乡里生活下去了，他向母亲告别："如果做不了官，我决不回卫国！"于是，吴起当天晚上就逃走了，后来他拜师在曾申门下，学习儒家学术。

吴起在曾申门下没学多久，母亲就去世了。曾申说："听说你母亲去世，你可以回家奔丧。"吴起赶紧回答说："我不回去。"因为他深知自己背着杀人的罪过是没有办法回家奔丧的。曾申很生气，觉得吴起违背了儒家忠孝的信条，便把他赶了出去。

不能学儒家学术做官，吴起干脆选择做武将。他开始学习兵法，名声渐渐传了出去。吴起的名声越来越大，他也因此迎娶了齐国女子为妻。

公元前412年，在齐宣公发兵攻打鲁国之际，吴起看出鲁元公打算任用他，但又因为他的妻子是齐国人，有些怀疑他是否忠心。吴起干脆一不做二不休，杀了妻子向鲁元公表忠心，于是顺利地得到了大将军的官职。但是，这场战争以鲁国的失败告终，吴起还是遭到了鲁元公的怀疑，他吓得逃去了魏国。

魏文侯听说吴起到了魏国，心里十分高兴，任命他为主将。吴起没有辜负魏文侯的期望，他风餐露宿，与兵卒同吃同住，深得人心。吴起率军一路攻打下去，先攻克了秦国河西地区的临晋、元里，次年，再次率军攻打秦国，一直打到了郑县，最后攻下了秦国整个河西地区，成立西河郡，吴起担任郡守。

也正是因为这个机会，吴起得以拜子夏为师学习儒家思想。他打算在魏国改革兵制，结果受到排挤、陷害，不得不离开魏国。

吴起虽然因改革受到排挤、陷害，但他并没有死心。离开魏国投奔楚国后，他在楚国实施大刀阔斧的改革。吴起的变法使楚国越来越强大，各大诸侯国对楚国都心生忌惮。但是，任何一种新政实施时，总会受到守旧派的反对。吴起变法大大伤害了楚国贵族的利益，他也因此给自己引来了杀身之祸。

公元前381年，一直信任、重用吴起的楚悼王去世了，吴起十分悲痛。正当他在灵堂痛哭时，一支冷箭突然飞了过来。原来是楚国的贵族早对吴起怀恨在心，趁他不注意偷偷射出了箭。

箭并没有射到吴起的要害之处，吴起一把拔出了箭，跑过去插在楚悼王的尸体上，然后紧抱住楚悼王的尸体大声喊："快来人，有人要谋害我王！"

　　愤怒的楚国贵族继续放箭，吴起当场身亡。同时也有很多箭落到了楚悼王的尸体上。

　　吴起的聪明和狠辣是别人想象不到的，在死时也要拉上"凶手"同归于尽。

　　楚国有规定："对着君王的尸体动兵器的，诛灭三族。"吴起正是利用了这条律法，迫使新即位的楚肃王将射杀吴起的楚国贵族全部处死，七十多家被灭族。当然，吴起也没有得到好下场，人虽然死了，但还是被判了车裂之刑。

历史的角落

吴起"杀妻求将"是真的吗

关于吴起"杀妻求将"的事并没有详细的记述，真假也有待考证。也许是后人根据吴起的性格推断他杀妻求荣的可能性，不过在《韩非子》里面倒是有吴起休妻的故事记载：

吴起为人刻板严厉，他安排妻子织一条符合规格的带子，但是，妻子并没有在意他的嘱咐，而且还对他的责问给出了漫不经心的回答，吴起对此很生气，于是就休了妻子。

卓越的改革家商鞅

战国时期，秦国的政治、经济、文化越来越落后。自从魏国出兵强占了河西地区后，秦国国君感觉到了危机，于是，秦孝公即位后，广招天下人才，决心发愤图强，振兴秦国。

秦孝公下了"召贤令"，很多人都投奔秦国而来，其中不乏博古通今、学富五车的仁人志士，商鞅便是此时来到秦国的。

商鞅是卫国国君的后代，法家学派的代表，因本族没落，不得重用，便去了魏国，他自认为满腹经纶，但是在魏国却也一直没有得到重用，他听到秦国的"召贤令"后，就来到了秦国。

通过交谈，秦孝公对商鞅的富国强兵之策十分感兴趣，对能得到商鞅辅佐感到特别高兴。

商鞅为法家学派，重法治。秦孝公当时刚刚即位，根基不稳，商鞅的变法思想太激进，秦孝公怕闹出什么乱子，便暂时未实施改革。直到公元前 356 年，商鞅被封为左庶长，开始实施改革。

为了树立威信，商鞅在南门外竖了一根木头，并下令："谁能把这根木头扛到北门，就赏十金。"

百姓们闻讯赶来，围了个里三层外三层，但没有一个人去扛这根木头。

一个蒙着头巾的瘦小的年轻人说："这根木头连我这么瘦小的人都能扛得动，这能值十金？"

一个看起来很谨慎的人说："这里面可能有什么问题，我们还是再看看吧。"

百姓们围着议论纷纷，没有一个人敢上去试。

商鞅看大家不动，又说："好，谁能把木头扛到北门，赏五十金。"

突然，一个愣头愣脑的年轻人在人群中大声喊了一句："我来！"说完，他拨开人群，扛起木头就走，百姓们都跟着想看个究竟。最后，年轻人把木头扛到了北门，商鞅按约定拿出五十金给了那个年轻人。

百姓们从来没有见过这种事，都当成个新鲜事谈论，一传十、十传百，很短的时间便轰动了整个秦国。

商鞅见"铺垫"已经做得差不多了，百姓对他也有了信任感，便开始推行要改革的新法令。通过商鞅的改革，秦国果然越来越强大，不久就从魏国手里夺回了河西地区，还把魏国的都城安邑打了下来。

秦孝公看到了变法的效果，便支持商鞅进行第二次改革，这次变法的规模比上次更大了，很多贵族和大臣的利益都因此受到了损害，纷纷表示不满。就在僵持的时候，秦国太子犯了法。

贵族们都想看秦孝公怎么处理这件事，而商鞅也想以此事来加速变法进程。于是，商鞅主动跟秦孝公提议说："您不必担心，我们可以不

去处罚太子，太子之所以触犯法令，就是老师的教育出现了问题，现在我们处罚太子的老师就可以，罚了他们，对世人有了交代，对贵族也是一个威慑。"

太子的老师公子虔和公孙贾当了替罪羊，按新法令受了刑。两人对商鞅恨之入骨。也正是因为这件事，商鞅成了太子的眼中钉。

好在之前反对商鞅变法的秦国王室及贵族也稍稍安静了，新法令很快传遍了全国，令行禁止，人人遵守，秦国的经济和军事实力大大提高。

变法没有持续多久，秦孝公就死了，对商鞅痛恨至极的太子，也就是秦惠文王即位。此时，公子虔开始四处联合贵族，给商鞅罗织罪名。

在此之前，就有人劝商鞅早作打算，但他一直没往心里去，他看到新法推行后的成果，就更不考虑自己的安危了。

当公子虔罗织的罪名一条条摆在商鞅面前时，他才意识到自己的处境已经岌岌可危，于是连夜逃到了边关。

商鞅本想从边关去魏国避难，但魏国不同意商鞅入境。因商鞅曾骗擒公子卬，魏国对他已经到了恨之入骨的地步。所以，商鞅打算在边关的客栈住上一宿。

商鞅轻轻敲开一家客栈的门问："请问还有没有房间，我想在这里住一晚。"

客栈主人并不知道这就是商鞅，半掩着门问："您是何人，有没有能证明身份的证件呀？"

商鞅听到问话又惊又喜，但马上又犯起了难。惊喜的是自己的变法实施得这么有效，就连边关也在照新法执行；为难的是自己根本没想过会来边关走一圈，更别提准备什么证件。

他摇摇头。

客栈主人"啪"地把门关了，说："那您不能住这里，根据商君之法，我们收留没有证件的客人会被治罪的。"

随从又多次央求无果后，商鞅掉转马头，叹了口气说："唉，自己定的规矩，反倒让自己没地方歇脚了。"

无奈之下，他只得继续赶路，不能从魏国入境，商鞅只好又回到了他的封地商邑。秦惠文王派兵征伐，商鞅兵败战亡。虽然商鞅战亡了，但秦惠文王难解心头之恨，他派人把商鞅的尸体带回咸阳，车裂示众，并下令诛杀了商鞅的家族人员。

历史的角落

商鞅变法进行了哪些改革

新法从实行土地私有制、推行县制等方面进行了改革，最重要的是赏罚分明：无论官职大小，一律论功行赏，哪怕是贵族，没有军功就不能有爵位。大力发展农业，鼓励开垦荒地，谁开垦就归谁，而且土地支持买卖，凡是生产粮食或者布匹多的，就可以免除差役。相反，如果因为懒惰造成贫穷的，就把他的妻子儿女都罚去做官婢……

穿胡服上朝的赵武灵王

赵武灵王即位的时候，赵国的国势日渐衰落，而西北方游牧和半游牧民族越来越强大，赵国不时地受到他们的侵扰，就连中山那样的邻界小国也经常来侵扰，这令赵武灵王十分困扰。

经过思考，赵武灵王觉得，赵国的宽衣大袖太过于烦琐，比不了游牧民族的束袖短衣方便，这妨碍了军事力量的发展。于是，他决定在赵国开展一场"胡服骑射"运动。

公元前307年，赵武灵王率兵去边境巡游。这次巡游，更坚定了他改服制的决心。想要改变传统礼制绝对不是容易的事，当务之急就是找到那些可能支持他的力量，然后再推行。

赵武灵王找到了大臣楼缓、肥义，说："我想将我们的服制改得像胡服一样利落，当然我也知道穿和游牧民族一样的衣服会招来反对和耻笑，但是这样咱们就有可能强大起来，消灭中山国。"

两位大臣互相看了看，楼缓坚定地说："大王您放心去干吧，我们支持您！"肥义也表态说："无论大家怎么评价，我们都支持！"

于是，赵武灵王开始了他的改革，他率先制了一套胡服，直接穿着就上朝去了。这下可轰动了整个朝廷，赵国的王室贵族纷纷表示反对，赵武灵王的叔叔公子成就是他们的代表。

公子成看到赵武灵王身穿胡服的样子，叹了口气，自言自语道："丢人哪！太丢人了，这就是丢祖先的脸！"

第二天，他干脆称病不上朝。

赵武灵王知道公子成在故意对抗，而这种对抗绝对不只代表一个人的意见，一定还有很多保守派的王室贵族持反对意见。所以，要想改革就先要啃下这块"硬骨头"。

公子成称病不上朝后，赵武灵王派使者去劝说，但无论使者说什么，公子成都不松一点口。

使者说："大家都知道家里的事要听父母的，国家的事要听国君的，现在君主都主动穿了胡服，改变了服装，身为君主叔父的您这么反对，这让世人怎么说您哪？"

公子成摇了摇头，对使者说："我们这是中原大国呀，是圣贤教化的地方，是世人最应该羡慕的地方，那些北方野蛮的游牧民族应该学习、景仰我们，而你看大王，他竟然舍弃掉我们的优良传统去学那些人，这不是学反了吗？"

使者劝说无果，赵武灵王只好亲自出马。赵武灵王带着医生亲自来到公子成的府邸，他诚恳地对公子成解释说："我们东边是齐国、中山国，北边是燕国、东胡，西边是楼烦，又与秦、韩两国靠得很近，咱们现在的形势很不利呀。衣服嘛，应该是怎么方便就怎么穿，至于那些传

统的礼仪，等国家强大之后再追求也为时不晚哪！"赵武灵王越说越急，"如果战士都穿着宽衣大袍，怎么方便骑射？中山国仗着齐国的强兵已经多次跑到我们的领地上来了，没有一支强大的骑兵，怎么守得住？"

赵武灵王看公子成在认真听，便又说道："我改革的只有服饰，人们穿上短衣窄袖来学习骑射，这不正是兴国强兵的政策吗？叔父您遵守传统礼制没有错，但您一味地守着传统，不接受改革，是忘了赵国正在面临的危机，真是让我失望透了！"

公子成听得面红耳赤，他觉得作为晚辈的赵武灵王想得更长远，自己有些狭隘了。他郑重地对赵武灵王表态说："老臣明白了，是我的思想过于守旧，只追求礼制了，我同意改穿胡服。"

果然，第二天公子成穿着胡服上朝了，赵武灵王正式颁布了"胡服令"，并在全国推行。这时候，赵文、赵造、赵俊等一批宗室贵族又出来反对了。赵武灵王怒斥道："赵国先王时的风俗就各有不同，你们所说的遵循礼法，遵的是哪个古法？简直太愚蠢了！"

赵武灵王没有顾忌宗室贵族的非议，他坚决地推行胡服，并且在全国范围内招骑兵，开始练习骑射，赵国自此兴盛起来。

历史的角落

赵国的兵种

战国时期，赵国的兵种按出现的早晚可以依次排列为：车兵、步兵、骑兵和舟兵。赵国的步兵称为"带甲"，为赵国军事实力的象征。赵国的骑兵是经过赵武灵王"胡服骑射"的改革而建立起来的，骑兵的武器有弓箭与剑。代地的马匹是赵国战马的主要来源。

∽ 连诸葛亮都佩服的大将——乐毅 ∾

乐毅是中山灵寿（今河北灵寿西北）人，少年聪颖，喜好兵法。当时，燕国被齐国打败，燕昭王招揽天下贤士，乐毅到了燕国，被燕昭王任命为亚卿。

公元前284年，燕国联合秦、韩、赵、魏四国攻齐，燕昭王任命乐毅为上将军统率五国队伍，此时一向自以为是的齐湣王匆匆任命触子为将军来应战，双方在济水展开了决战，这就是历史上著名的战役——济西之战。

齐国的主力被消灭后，其他四国撤了军，燕国的军队继续长驱直入，齐国大大小小的城池纷纷沦陷。为了能让齐国民众接纳顺从燕国，乐毅整顿燕军纪律，禁止侵掠百姓，四处寻访齐国的隐世高人，以礼相待。同时，他还做了很多有利于齐国百姓的事，齐国人很快接受了燕国的治理，燕军向前进发的路程也十分顺畅。

乐毅到了临淄城下，田单就在这座城里。虽然田单当时只是个小官，但他是一位极聪明且有能力的人。

听说乐毅要攻城，田单对下人说："你们快去给家族送信，马上把自己家的马车轴用铁皮包住，以备不时之需。"一开始，家族里还有人在嘀咕，但大家都知道田单的为人和能力，所以最后都用铁皮包住了车轴。

果然，乐毅攻破了城，很多人争相往外跑，许多家族的马车在混乱中被撞坏了，只有田单家族的马车一辆也没坏，大家纷纷赞叹田单的智慧。

事情过后，田单家族马车未伤之事不胫而走，很快传到了齐国军中。

此时，齐国只剩下了莒和即墨还没有被攻下。乐毅把将士分为两组，各攻一城。即墨大夫战死后，城中一时没了守将，经过商量后，大家一致觉得逃到即墨的田单表现得智勇双全，于是纷纷推举田单做即墨大夫。

田单的能力的确不容小觑，乐毅包围两城，结果一年也没有攻下来。乐毅无奈，命令解除包围，率领即墨城外的守军退到城外九里的地方，安营扎寨。

乐毅在军中下了死命令："凡是即墨城中出来的百姓，谁也不许抓，

有饿的要给饭吃，有营生的继续做他的生意。"在乐毅的命令下，即墨城中的百姓并没有反感燕军，相反还有一部分百姓在城中传燕军如何好。其实乐毅就是想要达到这个目的，但田单守城还是很严，又过了三年，还是没攻下来。

此时，齐国派人偷偷去挑拨燕昭王说："大王，乐毅机智过人，一口气攻下了齐国七十多个城池，简直是军事奇才，怎么就剩下两座城三年都没有攻下来？"

燕昭王很信任乐毅，他知道这是在挑拨，便将计就计地问："你觉得呢？你说说他为什么两座城三年都没攻下？"

这人回答说："我听说并不是兵力问题，是因为他想在南边称王，他对齐国的百姓可好了，仗着自己的威信收买齐国人心，现在要不是他的妻儿还在燕国，他早就称王了。不过，齐国美女这么多，他早晚有一天会忘了妻儿，您可得提前防备呀！"

燕昭王眯着眼点了点头。他当天就下令设宴，在宴席上命人拉出挑拨的人，大声斥责并处死了他。随后，燕昭王赏了乐毅妻儿服饰、车马，还令宰相将君王规格的百辆车乘送到乐毅那里，立乐毅为齐王。

乐毅接到这个赏赐吓了一大跳，马上写了辞信，信中发誓要至死效忠燕国。齐国人听说这件事后，更是敬畏他的信义，再也不敢来算计他了。

燕昭王去世后，燕惠王即位。燕惠王在做太子的时候就与乐毅有矛盾。此时，田单见机会终于来了，再次派人挑拨，燕惠王随即召乐毅回燕国。

乐毅早就知道燕惠王没安好心，于是他径直投奔了赵国。燕惠王的这一做法引得军中将士特别不满，也正中田单的圈套，一代名将就这样悄然消失了。

"上将军"是个什么官职

"上将军"最早起源于春秋时期，诸侯国为了扩大势力范围，不断扩充兵力。当时，一万两千五百人可以称为"军"，大国诸侯常常拥有三军以上的兵力。每个军队的指挥称为"将军"，"上将军"统管"将军"，也就是三军总指挥。

❧ 完璧归赵的故事 ❧

战国时，赵国得到了楚国的传世宝玉——和氏璧，这可把赵王高兴坏了，整天都美滋滋的。可是，没过多久，赵王就高兴不起来了，这是为什么呢？原来，兵力雄厚的秦昭王也想把这块传世宝玉占为己有，他派遣使者告诉赵王，秦国愿意用十五座城池来换取宝玉。

赵王一听到这个消息，心里顿感不安，交换吧，害怕秦王抢走宝玉后不愿意交出城池；不交换吧，又怕得罪了秦国，秦昭王发兵攻打赵国。一时间进退两难，不知怎么办才好。

这个时候，宦官缪贤向赵王举荐了一个人，他说："大王，我身边有个门客，名叫蔺相如。这个人忠勇有加，非常聪明，不如把他叫来，问问他的看法？"

赵王召来蔺相如，问他："秦王想用十五座城池交换和氏璧，你说我是换呢，还是不换呢？"

蔺相如答道："秦国是虎狼之国，不得不换。"

"可要是秦王拿到和氏璧却不交出城池，又该怎么办呢？"赵王问。

"秦王想用城池交换宝玉，假如大王不同意，那理亏的是我们；假如我们同意而秦王毁约，理亏的就是他们。两相权衡，宁可答应他们，我们也不能理亏呀。"蔺相如继续说，"大王，我愿意带着宝玉到秦国交涉，倘若秦王守诺，我就把宝玉留在秦国；如若不然，我一定把宝玉毫发无损地带回来！"

赵王听罢连连称好，拜蔺相如为大夫，让他带着和氏璧前往秦国。

秦王听说蔺相如带着宝玉前来，特别高兴，在王宫会集群臣，召见蔺相如。蔺相如恭恭敬敬地向秦王献上宝玉，秦王见此玉晶莹剔透、洁白无瑕，连连称赞："宝玉呀，宝玉呀，当真是绝无仅有的宝贝！"只是他绝口不提那十五座城池的事。

见此情景，蔺相如猜出秦王打算赖账，就对秦王说："大王，这宝玉虽是珍宝，却有个小瑕疵。我指给您看。"

秦王信以为真，就把和氏璧递给蔺相如。就在蔺相如拿到和氏璧的那一刻，他立刻退后几步，瞪圆了眼睛，怒气冲冲地说："您口口声声说愿拿十五座城池来换宝玉，如今我把宝玉献给了您，您却不提交换城池的事，可见您之前的话都是骗人的！今天，我就算摔碎了这块宝玉，也绝不让您拿到！"说完，蔺相如就抱着和氏璧要往柱子上撞。

秦王舍不得毁了和氏璧，连忙赔笑说："哎呀，你误会啦，我怎么可能食言呢？"说着就命人拿来地图，把要换的城池指给蔺相如看。

蔺相如知道这是秦王的把戏，就想了个拖延之法，说："这块玉是天下难得的宝贝，我出发前，赵王可是斋戒了五天，还举行了盛大的仪式。您想得到这块玉，也得先斋戒五天，举行盛大的仪式，以示诚意。如此，我才能将宝玉献给您。"由于发生了方才的事，秦王也不敢硬抢宝玉，只好答应，并让人送蔺相如到驿馆休息。

　　蔺相如带着和氏璧回到驿馆，马上叫身边的侍者乔装改扮，把和氏璧揣进怀里，连夜出城抄小路回赵国去了。

　　秦王斋戒五天后召见蔺相如，让他献出和氏璧。蔺相如气定神闲地说："回禀大王，天下人都知道，秦国的历代君王都喜欢食言，我怕再次上当受骗，已命人把和氏璧送回赵国了。请大王治我的罪吧！"

　　秦王气得浑身发抖，恨不能立刻杀了蔺相如，可转念一想，若真杀了他，不但得不到和氏璧，还会弄僵赵、秦两国的关系。无奈之下，秦王只好让他回赵国去。用和氏璧交换城池这件事，自然也就不了了之了。蔺相如回到赵国后，赵王大赞他有勇有谋，是个治国之才。

历史的角落

和氏璧的由来

　　和氏璧原是楚国的宝物，传说是一个名叫卞和的人发现的。卞和先后把它献给了楚厉王和楚武王，可他们不仅不识货，还砍掉了卞和的左右脚。卞和抱着璞玉哭了三天三夜，惊动了楚文王。楚文王命人剖开石头，发现里面竟然是一块宝玉，于是赐名为和氏璧，作为楚国的国宝。后来，楚国为向赵国求婚，将这国宝赠予赵国。

∽ 纸上谈兵的赵括 ∽

　　赵国因为争夺上党被秦国步步紧逼，屡屡受挫，主将廉颇看情况不妙，命令赵兵坚守城池，不再出城应战。赵王看到廉颇这个状态，以为他是胆怯，训斥了他很多次。

　　看到这种形势，秦国的丞相范雎便派人带着千金去赵国挑唆赵王，实行"反间计"。一时间，赵国到处都在传："秦国最怕赵奢的儿子赵括，如果赵括做大将军，秦军早就撤了，但是廉颇呀，特别好对付，马上就会投降。"

　　这个消息很快传到了赵王的耳朵里，赵王求胜心切，就用赵括替代了廉颇。虽然很多人劝说赵王撤回决定，但赵王还是执意那么做。

　　赵括的确从小学习兵法，谈起兵法来哪怕是赵奢也说不过他，于是赵括就以为天下没有人能难倒自己。但赵奢从来没有觉得赵括是什么军事人才，赵括的母亲曾经问起原因，赵奢回答说："你以为带兵打仗是什么，是出生入死，不是像赵括那样拿着兵书随便讲讲！赵王如果以后任命他为大将军，那将来使赵国灭亡的一定就是他啦！"

此时赵奢已逝，赵括的母亲想起赵奢说过的话，急忙去找赵王："大王，当年赵括的父亲做将军时，曾经亲自替许多将士端饭，敬请他们进餐，大王的赏赐他也都分给了朋友和周围的人。但是现在赵括做了将军，他不管家里的事不说，还天天正襟危坐等着别人来拜，大小军官都不敢抬头看他。大王的赏赐他也都藏起来自己享用，天天惦记的是良田美宅。大王啊，赵括不善于带兵打仗，请您收回成命吧！"

赵王心里还记得秦军怕赵括的话，当然不答应，说："你别说了，我已经下了命令，不能更改啦！"

最后，赵括的母亲只得请求赵王："那如果赵括出了什么差错，请求大王不要牵连到我。"

赵王点头答应。

赵括率二十万援军来到长平，将原来廉颇的军规全部废掉，换了军官，继而下令出兵。此时，秦王悄悄任命了解赵括的白起为上将军，白起假装战败出逃，暗暗留下了奇兵伏击。赵括哪里知道自己中了计，正得意地乘胜追击，直攻秦军营地，谁知后面被秦军的奇兵断了退路。

秦军一支两万五千人的奇兵截断了赵军的队伍，另一支五千人的奇兵堵住了赵军返回营地的路。赵军被一分为二，断了粮草和后援，没了出路。赵括就近向齐国求助，齐王没有同意。

此时，周子劝齐王说："赵国是齐、楚的屏障呀，唇亡齿寒，今天赵国灭了，明天齐、楚就会面临危机。今天救赵这件事，就像是捧着一瓦罐水去浇着火的铁锅，刻不容缓呀！况且救赵国又能彰显大义，又能立威名，不能因为爱惜粮食就拒绝，这是极大的错误。"

但齐王根本不听劝说，还是没有同意。

　　九月，赵军断粮已经四十六天，军中出现了相互抢粮的现象，赵括很着急，下令进攻秦军营帐，结果他被秦军乱箭射死，最后四十万兵士全军被俘。

　　这次长平之战只放出了二百四十个年龄小的俘虏回到赵国，其余人全部活埋，赵国此后元气大伤。

历史的角落

赵括真的可以"纸"上谈兵吗

我们都知道，在春秋战国时期是没有"纸"的。兵书只可以载在竹简、木简或者帛等丝织品上。考古发现，我国最早的纸出现于西汉。

∽ 史上最出名的刺客 ∽

虽然魏无忌救了赵国，但经过几个回合，秦国还是灭掉了赵国。而挨着赵国的燕国，此时由太子丹主持朝政，太子丹分析形势后决定派刺客去刺杀秦王嬴政。

太子丹打听到卫国的荆轲侠义、睿智，就亲自上门说服荆轲去刺杀秦王，荆轲觉得太子丹说得很有道理，便答应了他。

荆轲跟太子丹回到燕国后，太子丹将他安排到上等客舍，天天上门探望，凡是燕国有的，没有一样不给荆轲送去的，只盼荆轲早点出征。

荆轲说："我现在可以去秦国，但没有令秦王相信我的理由，这样是不能接近秦王的。如果能拿到秦国叛将樊於期将军的头颅和燕国督亢的地图，把它们献给秦王，秦王一定会心动召见我，这时我再去刺杀他，一定能成功。"

太子丹低头沉思，对荆轲说："樊将军在穷途末路时来投奔我，我怎么忍心杀掉他！"

荆轲看太子丹不忍心，便私下去找樊於期，樊於期对秦王早已经深恶痛绝，于是拔剑自刎。

太子丹听说后，急忙跑过来看樊於期，趴到他的尸体上痛哭不已。但已经没法挽回，于是太子丹命人将樊於期的头装到匣子里，继而进行下一步的计划。

他已经派人找到了天下最锋利的匕首，烧红后泡到毒液里。他试着用这浸过毒液的匕首去刺人，结果只是轻轻一刀，那人便立即死去。

准备妥当后，太子丹帮荆轲收拾好行囊，又派燕国的勇士秦舞阳做助手，随荆轲出发。

公元前227年，荆轲通过秦王的宠臣蒙嘉得到了秦王的接见。秦王听到荆轲带着樊於期的人头和燕督亢地图前来，非常高兴，于是穿上朝会时的礼服，以大典之礼接见荆轲。

荆轲捧着地图低着头一步步靠近秦王，秦王接过地图，兴奋地打开卷轴。当卷轴马上就要全部打开时，一把寒气逼人的匕首出现，荆轲飞快地抓起匕首，抓住秦王的袍袖，举手便刺。

秦王吓了一跳，不过反应速度也很快，他向上一跳，挣断了袍袖，躲过了荆轲的匕首。荆轲扬着匕首追过去，秦王已经跑下了殿，两个人绕着大殿的柱子转起圈来。

因为秦法规定不能带武器上殿，所以群臣只好徒手去拦荆轲。有的大臣喊："大王，剑！"秦王这才反应过来，拔出剑来向荆轲砍去，一剑就砍断了荆轲的左腿。

荆轲受了伤，将匕首朝着秦王扔了出去，谁知天不绝秦，匕首丢到了铜柱上。这时，荆轲深知刺杀任务不可能完成了，就骂道："我今天不能成功，是因为想活捉你，逼你订下契约归还所有燕国的土地，报答燕太子的知遇之恩。"

秦王根本没有听荆轲说什么，侍卫们冲上前来杀死了荆轲。秦王派人把荆轲带出去示众，同时增派部队到赵国，与王翦的大军一起攻打燕国。

　　燕国誓死抵抗，但秦国统一之势已经不可阻挡，秦军在易水以西大破燕、代军队。

历史的角落

易水送别

荆轲出发时，太子丹及宾客们都穿着白衣戴着白帽为荆轲送行。到易水岸边饯行以后，高渐离击筑，荆轲和着节拍唱歌，发出苍凉凄惋的声调，送行的人都泪流满面，一边向前走一边唱道："风萧萧兮易水寒，壮士一去兮不复还！"荆轲复又发出慷慨激昂的声调，然后头也不回，上车走了。

王翦妙计破楚

公元前226年，秦将王翦攻克燕都蓟城后，就只剩下楚国没有收入秦国囊中了。当时已经攻陷楚国的十多座城，秦王求胜心切，便询问将领们短时间攻下楚国还要多少兵力。

将军李信说："不超过二十万便可以。"

老将王翦说："需要六十万，否则攻不下来。"

秦王摇摇头，说："看来王将军是老了，胆子真是越来越小。"

王翦知道秦王一心求胜，不会听自己的建议，便称病辞官，回到了家乡频阳。

事实证明，李信轻敌了，他输给了楚将项燕，仓皇逃回秦国。秦王大发雷霆，知道当时没有听王翦的建议是错误的，于是亲自去频阳请王翦出山。

秦王到了频阳，低声对王翦说："我当时没有采纳将军的建议，才出

现这样丢人的事情，将军请看在多年辅佐寡人的份上，再出山吧！"

王翦当时本就是负气回来的，便推托说："我又老又病，带不了兵！"

秦王笑着拍了拍王翦的肩膀说："从前的事就这样过去吧，咱们谁也不要再提了！"

"那好！"王翦知道秦王一向高傲，能亲自前来就已经很不错了，便答应下来："如果您现在无奈必须用我，那我还是要六十万兵马。"

秦王高兴地点点头，大声说："一切听将军安排。"

王翦出发时，秦王亲自送到霸上，并按王翦的要求赏了许多良田美宅，但他仍好奇地问王翦："将军带兵出征，却要了这么多赏赐，是担心日后贫穷吗？"

王翦回答说："我将来哪怕立了军功，按秦法也不可能有封侯之赏，那我只能趁大王您用我的时候讨些赏赐，给子孙留些产业呀！"

秦王听后哈哈大笑。

王翦带兵打仗期间，也不停地派使者回去讨赏，打到武关时，他已经要了五次赏赐。有人怕王翦惹怒秦王，便劝说："你这样会不会太过分了？"

王翦摇摇头说："你有所不知，我们大王天生多思多虑，我现在指挥的可是全部的秦国兵力呀，这样要赏赐给子孙留产业，是表达我的忠心，他也就不会猜忌我外出不可控，生了造反之心啦！"

公元前224年，王翦已经将楚国逼入绝地，楚国调全国兵力来抵抗，此时王翦却留兵不出，坚决不与楚军会战。

不仅如此，王翦还与兵将一起在营中沐浴休息，好吃好喝。过了很长一段时间后，王翦问副将："现在我们军中的士兵都在做什么呢？"

副将回答说："大家放松得很，都在玩投石、跳远等游戏。"

王翦点点头说："好！现在可以出兵了！"

命令一出，秦军迅速出击，楚军一直在寻找作战的机会，但见秦军并没有攻城打仗的意思，便把军队向东转移了，这突如其来的追击，把楚军打了个措手不及。

这场战争楚军败得很惨，王翦一直把他们追到蕲南地区，杀死楚军大将项燕，至此楚军全线溃败，毫无反抗之力。

王翦为什么不让儿孙当官

王翦破楚回归之后，他曾经交代自己的子孙："我们家已经有三人为将，倘若再多几个，就会引起秦王的疑心，那时我们将大难临头。"以当时王翦的功绩，如果继续为官便可能被人构陷"功高盖主"，他抓住时机告老还乡，得以善终。

千古一帝秦始皇

公元前 221 年，秦灭齐后终于完成了统一六国的大业。

秦王嬴政，或称赵政，十三岁即位，统一六国的时候仅三十九岁。六国统一后建立秦朝，嬴政自认功劳胜过当初的三皇五帝，经过与大臣商议，最后商定将之前"大王"的称呼换掉，改称"皇帝"。他便成为中国第一位皇帝。

秦始皇统一六国后，马上改革了国家制度，设立三公九卿，最高官员为丞相、御史大夫和太尉，即"三公"。他采纳了李斯的建议，废除了原来贵族分封土地并世袭的制度，全国以郡县来划分，初分为三十六郡，之后又增加到四十余郡，地方行政机构分为郡、县两级，郡的官员称为"守"，县的官员称为"令"，而郡县的主管官吏由中央任免。

当时，蒙氏兄弟特别受秦始皇的信重，蒙恬为大将，蒙毅在朝中参与国事，被称为"忠信大臣"。赵高也深受秦始皇的信赖，他办事能力很强，且对刑法极为熟悉，秦始皇任命他为中车府令，还让小儿子胡亥跟他学习审理案件。

胡亥对赵高很信任，也很依赖。有一次，赵高犯了大罪，蒙毅觉得依律应该处死，秦始皇和胡亥还是赦免了他的重罪。

尽管被赦免了，但赵高从此与蒙氏兄弟结了怨。秦始皇第五次巡游途中死在了沙丘平台，在此之前，秦始皇早就写好了立太子的诏书，交给了李斯保管。

赵高一直对太子之位虎视眈眈，他一心想捧很听自己话的胡亥为太子。相对于公子扶苏而言，胡亥更容易被掌控。

秦王死在巡游途中，国家还没有新主，如果将死讯传出去势必会引起一些波动，所以赵高等人便悄悄把死讯掩盖了下来。

此时，赵高的计划开始实施了，他悄悄建议胡亥杀掉扶苏，说："您一定要成为太子，我们就说始皇留下的遗诏是立你为太子，但怕公子扶苏造反，所以命扶苏自行了断。"

经过几次劝说，胡亥听从了赵高的建议。

赵高又找到丞相李斯，如果能与李斯联手合作，这事就能百分之百成功了。他对李斯说："定立太子之事全在你我一句话罢了，我不知道您是怎么想的，我觉得胡亥更合适。您是聪明人，您想一下，以您的才能、谋略相比蒙氏兄弟来说，谁更胜一筹？而扶苏对您的信任能比得上蒙氏兄弟吗？"

李斯若有所思地低下头说："信任暂且不说，单比才能、谋略我也是觉得自己不如他们的。"

赵高继续说："那么，扶苏即位对您有什么好处？他一定会重用蒙氏兄弟，而你我的结局已经显而易见了，而以我对胡亥的了解，他仁慈忠厚，是可以当皇帝的人呀！"

李斯觉得赵高说得有道理，便与赵高合作，篡改了秦始皇立太子的诏书，将扶苏改为了胡亥。又在诏书中斥责扶苏无军功，却使大量士卒伤亡，又多次上书诽谤父皇，日夜抱怨，不干实事，且蒙恬作为臣子也不劝谏扶苏。种种罪责加在一起，命扶苏与蒙恬以死谢罪，兵权交给副将王离。

扶苏看到这样的诏书，伤心至极，哭着拔出剑来，蒙恬拦住了他："陛下现在外地，派你我守着这里，我们怎么知道这诏书是真是假呢？"

于是，他们想上书问个究竟，但赵高多次派使者来催他们，扶苏无奈地对蒙恬说："父亲赐死，我怎么还能多次证实呢！"然后就自杀了。

蒙恬被使者关押起来。胡亥觉得扶苏已死，打算赦免蒙恬，但赵高挑拨说："其实皇帝早就想立您为太子，就是蒙恬一直在拦着，您现在不如杀了蒙恬，便再也没有人拦了。"于是，胡亥强迫蒙恬自杀，又逮捕了蒙毅。

一切妥当之后，他们带着秦始皇的遗体回都城，当时正值酷暑，秦始皇的尸体早就腐烂，发出一阵阵恶臭。一路上，他们便命随行官员装了一石鲍鱼，用来掩盖尸体的臭味。直到回到咸阳，他们才发布秦始皇已死的消息，胡亥也顺利登上了皇位。

历史的角落

秦始皇是怎么死的

对于秦始皇的死，众说纷纭，其中两种说法流传最广。一种说法是死于非命，被人害死；另一种大众认可的说法是死于疾病。

死于疾病的说法是：公元前210年，秦始皇第五次巡游，因为过于劳累引发癫痫，脑部受了伤，因为当时医疗条件有限，最终病逝于沙丘平台。

陈胜吴广揭竿起义

赵高把秦始皇的尸体运回咸阳后，准备安葬他，于是继续征发全国几十万囚犯、奴隶和贫民到骊山，加紧为秦始皇修皇陵。

胡亥即位后，他怕自己篡位的事情败露，于是杀害了众多的兄弟姐妹，不仅如此，那些反对胡亥的大臣也被他处死了。随后，胡亥又大兴土木，继续修建阿房宫。这一工程，同样征了不少人。除此之外，一些贫民壮丁还被拉去守边关。总之，胡亥即位后，全国上下，民不聊生，怨声载道。

公元前209年，九百多个壮丁被押去渔阳，陈胜、吴广就在其中。陈胜年轻时就有远大的抱负，曾经因乡邻不明白自己的志向而感叹："燕雀安知鸿鹄之志！"

这天，陈胜等一行人来到了大泽乡，因为突然下起了大雨，没办法继续赶路，如果赶不上规定的日期，是要被杀头的。

晚上，陈胜偷偷地跟吴广商量："这里离渔阳还有很远，就算雨马上停，咱们也赶不上日期了，到了那里就会被杀头。现在，逃跑也是死，起义也是死，同样是死，何不为国事而死呢！咱们就借公子扶苏和楚将项燕的名义号令天下，怎么样？"

吴广知道陈胜的抱负，面临这种情况，他当然点头答应。

于是，陈胜开始了他的计划。

第二天一早，陈胜主动帮伙夫去集市买鱼，悄悄在鱼肚子里做了手脚。等伙夫杀鱼时，突然从鱼肚子里冒出一块绸子，上面写着"陈胜王"三个字，伙夫惊讶得不得了，把这件事告诉了同伴。不一会儿，大伙儿就嘀嘀咕咕地将这件事传开了。

当天晚上，陈胜让吴广在荒郊的祠堂里学狐狸叫。

大伙儿将睡未睡的时候，突然听到外面有狐狸的叫声。其实狐狸叫很正常，但当晚的狐狸却叫出了人语："大楚兴，陈胜王！"

大伙儿真的睡不着了，开始与陈胜说这件事，陈胜知道时机到了。第二天早上，陈胜与吴广带着大伙儿一起去了军官的营帐，大声说道："这雨一直下，怕是要误了日期，误期要杀头，那你就放了我们回去种地吧！"

军官知道陈胜的意图：他是来挑衅的！所以军官根本就没有说话，而是拔出剑来朝他砍去。

陈胜眼疾手快，抬脚一踢，剑被踢掉，他顺势捡起剑一扬手杀了军官。此时，陈胜、吴广大喊："想活命的兄弟跟我们反了吧！"

大伙儿也大声响应："杀出去！"

陈胜、吴广做了一面大旗，上面写了"楚"字，大家对着旗宣誓："自此同心协力，替楚将项燕报仇！"他们推举陈胜为将军，吴广为都尉。

此时，原本在大泽乡的农民纷纷拿出粮食来慰劳起义军，因为他们早就对秦朝的统治感到苦不堪言，一些年轻的子弟还拿出了锄头、扁担等农具作为武器，纷纷来投军。

人越来越多，刀枪等武器却没有，于是陈胜出主意，让他们砍了许多木棍削尖后作为刀枪，还砍了许多竹子，梢儿上留着枝子当作旗子。就这样，陈胜、吴广带着一支农民组成的队伍"揭竿起义"了。

他们一路打到了县城——陈县，陈胜在军中下令：谁也不准抢百姓的东西，不准伤老百姓，所以这支起义军受到大家的欢迎，陈县父老一致商议后对陈胜说："将军讨伐暴秦，是替天下人报仇，我们请将军做楚王！"

陈胜称了王，立国号为"张楚"。各地起义声四起，规模也越来大，于是，陈胜派吴广带一部分人攻打荥阳，派干将周文带另一部分人攻打咸阳，其他几路人马去接应各地的起义。

陈胜得到了各地的拥护，眼看着秦朝就要被推翻了，但因为短时间内战线拉得太长，各地起义军之间出现了纷争，原六国贵族自立为王，不再听陈胜号令，最后陈胜也被叛徒所杀，轰轰烈烈的"大泽乡起义"就这样失败了。

历史的角落

"苟富贵，勿相忘"的陈胜杀了旧友

最早陈胜对同为农民的同乡说过"苟富贵，勿相忘"。他为王后回到老家陈县，一个同乡来找他，他却理也不理。陈胜在外面被同乡拦住，同乡亲切地喊他小名并乘车一起回宫。这位同乡觉得自己是陈胜旧友，就常常聊一些旧事，陈胜觉得旧事丢人，便以"妄言"罪把同乡杀了。

破釜沉舟的西楚霸王

陈胜、吴广起义失败后，公元前208年，镇压陈胜、吴广起义的秦朝大将章邯攻占了邯郸，在此起义的赵王歇和张耳退守到巨鹿，被秦将王离率二十万大军围困。

此时，章邯率军二十万在巨鹿南修土墙，一直通到王离的营地，以便供应粮草。赵王长时间被围困时，赵将陈余在巨鹿北，奈何兵力太少

不敢去营救。楚怀王见此情况，派上将军宋义带领二十万人马去救赵王，
项羽在此队伍中任副将。

　　宋义带兵到安阳后，安营扎寨四十六天按兵不动。军中没有粮食，
士兵用蔬菜和杂豆煮了当饭吃，宋义连看也不看，他自己倒是大摆筵

席，大吃大喝。项羽看在眼里，急在心头。

项羽气势汹汹地找到宋义质问："秦军现在已经包围巨鹿了，这形势多么紧急呀！我们应该快快渡河，和赵军里外夹击，那打败秦军就很容易了。"

但这并不是宋义的想法，宋义对项羽说："咱们还是看一看，等秦军和赵军决战后再出兵。上阵杀敌我比不上你；但是坐在营帐里的谋略，你肯定比不上我。"

项羽说："我们的粮草不多呀，上将军您按兵不动，眼看没有粮食了，你这样的做法，一不顾国家，二不体谅兵士，哪里像个上将军！"说完，项羽掉头就走。

第二天的会议上，项羽拔剑杀了宋义，对众将士说："宋义意图谋反，背叛楚王，我奉大王的命令杀了他，现在我为上将军。"

将士们本就对项羽畏惧且敬佩，看到宋义被杀就拥护起了项羽。这件事很快传遍了楚国，各诸侯也知道了项羽的威名。

项羽带军去救赵，过了漳河后，他命军士们好好吃一顿饭，然后每个人只带三天的干粮。项羽让众将士把船都砸了，锅也砸了，包括附近的房子也统统烧掉。

将士们喊声震天，没有了退路的楚军在项羽的带领下以一当十，一路喊杀过去，在气势上就已经压过秦军一头。

经过九个回合的大战，项羽终于带队大破秦军。这次战斗不仅解了赵军的巨鹿之围，还大大灭了秦军的威风，使得秦军自此一蹶不振。两年后，秦灭亡。

历史的角落

三千年不改名的邯郸

邯郸是河北省的一个地级市，据说"邯郸"这个名字起源于邯山，在邯郸的东城有一座山名叫邯山。"郸"是指山的尽头，"邯郸"这个名字一直沿用了三千年没有改变。战国时期，它是赵国的都城，秦统一六国后它为邯郸郡。

❧ 惊心动魄的鸿门宴 ❧

巨鹿之战后，秦将章邯投降，这对项羽来说正是大好机会，他想趁着秦国混乱，直攻咸阳。

项羽率楚军到了函谷关，与刘邦的军队相遇。这时项羽带领四十万兵马驻扎在鸿门，而刘邦带十万兵马驻扎在霸上。他们相隔只有四十里，刘邦这么少的兵力犹如在虎口边上。

曹无伤是刘邦的手下，眼见刘邦要吃亏，就去投靠项羽，他悄悄告诉项羽："刘邦这次来咸阳，是要做关中的王。"项羽听后特别生气，准备攻打刘邦。

刘邦的谋士张良是项羽的叔父项伯的救命恩人，项伯听到项羽要打刘邦，担心张良的安危，就连夜骑快马到霸上找张良。

刘邦听说项伯来了，便请张良陪着自己去见项伯。刘邦一脸诚恳地说："我从来没有想过做关中的王，请先生帮我在项将军面前说句好话吧，在此谢过先生了。"

项伯点点头说："好吧，我觉得你还是亲自赔礼显得更有诚意。"刘邦觉得有道理，就带着张良、樊哙和一百多个随从一起到鸿门拜见项羽。

刘邦见到项羽后恭敬地说："我跟将军同心协力攻打秦国，将军在河北，我在河南，从来没有想过自己先进关中，更没想过当什么王，不知是谁在挑拨，惹您误会。"

项羽本来一肚子火，见刘邦这么低声下气，就也坦诚地说："就是你的部下曹无伤说的，要不我怎么会误会。"

项羽留刘邦喝酒，席上由范增、项伯、张良作陪。范增还是不甘心，一心想把刘邦除掉，绝了后患。

席间，范增举起随身佩戴的玉玦，暗示项羽杀了刘邦，但项羽扭过头去不理会。几次示意无效后，范增只好找到项庄，告诉他暗杀计划，项庄点头答应了。

项庄走入营帐对项羽说："军营中没有什么可以娱乐的，我舞个剑给您助兴吧！"说完，拔剑就舞了起来，不一会儿就来到了刘邦面前，眼神中充满杀气。

当项庄请求舞剑时，项伯就看出了杀机，于是他也拔剑舞起来，常常像鸟张开翅膀一样，用身体掩护刘邦，还不时地冲着张良使眼色。张良一看这情况就明白了，立刻出门找到樊哙说："情况不好，项庄在舞剑，几次都想刺杀沛公，多亏项伯挡着。"

樊哙一听急得跳了起来，右手提剑，左手撑盾，冲进了营帐，瞪着眼睛看项羽。项羽握着剑挺起身问道："这是什么人？"

张良急匆匆地跟进来回禀说："这是帮沛公驾车的樊哙。"

项羽点头应着，见樊哙是个壮士，于是吩咐身边人给了樊哙一杯酒和一条生猪腿。樊哙从容地喝酒吃肉，生气地说："当年怀王和将士们约定，谁先入关谁封王，我们沛公进了关但没称王。他封库房，关宫室，驻军在霸上，天天盼将军来，可您这么怀疑他，想杀有功的人，是效仿秦王吗？我认为大王这样不可取。"

项羽没有回答，请樊哙坐下一起喝酒。几杯酒过后，刘邦对项羽说："将军，我想如厕，暂时出去一下。"

出来后，他让张良带着礼物去跟项羽道别，自己与樊哙几个人一起顺着小路跑回了霸上。

过了好一会儿，张良回到帐中，抱拳对项羽说："沛公酒量有限，喝得太多，已经回去了，托我献给将军白璧一对，送给范先生玉斗一双。"

项羽接受了玉璧，范增则接过玉斗摔到地上，生气地说："都是因为大王的优柔寡断，错过了大好机会！你就等着刘邦称王吧，将来我们一定是刘邦的俘虏！"说完，气呼呼地出了营帐。

历史的角落

玉玦是什么

玉玦是古人随身佩戴的一种玉器，环形，有缺口。在新石器时期就有玉玦了，新石器时期的玉玦制作工艺简单古朴，素圈没有花纹；到了商代、周代，玉玦的制作更加精细化，为了漂亮，加上了花纹或者雕饰；汉代的玉玦大多是仿前朝制的。

ᕫ 受胯下之辱的韩信 ᕬ

汉朝的开国功臣韩信是个孤儿，常常被别人瞧不起，街上的人们也常常欺负他。

为了生活，韩信只好到当地的淮水钓鱼，以卖鱼为生。有一天，他正在钓鱼，碰到了一位老奶奶来淮水边洗衣服。这时韩信肚子"咕咕"叫了两声，老奶奶听到了就说："来，我这儿有饭菜，你吃吧。"

就这样，一连几十天，老奶奶每次来洗衣服都会把饭菜分给韩信吃。韩信感动极了，对老奶奶说："等我将来有了出息，一定会好好报答您。"

老奶奶说："我只是看你可怜才把饭菜分给你，你现在连自己都养活不了，还说什么报答我的大话呀！"

韩信听完心里很不是滋味，便苦读兵书，立志要干出一番事业来。

这天，韩信腰挎佩剑在街上闲逛，一群浪荡子弟把他团团围住辱骂他，其中一个屠夫大声说："你看你这个样子，又高又大又有佩剑，但是就是没胆子，有什么用！如果你真的厉害，来拿剑刺我呀！"

韩信并没有理会，那人耻笑道："你不敢是不是？不敢就从我的胯下钻过去，否则我今天饶不了你！"

韩信觉得面前这个人可笑极了，很想拔出剑来刺过去，但是他转念又想：这就是一个无赖，我杀了他还要给他偿命，不值得！再说我跟这群人硬拼是拼不过的，只能我一个人吃亏。

因此，韩信并没有说话，低着头，当着街上很多围观人的面，从屠夫的胯下钻了过去。周围的人都指指点点，笑话韩信胆小。韩信面不改色，大踏步地走了。

公元前209年，由于秦王朝的残暴统治，各地农民起义大爆发，韩信也加入了刘邦的队伍。他起初只是个运粮小吏，后来有幸认识了刘邦的谋士萧何，两个人常常在一起讨论时事。萧何十分欣赏韩信的才能，于是向刘邦推荐了韩信。

但是刘邦一直没有重用韩信，韩信郁郁不得志，就悄悄离开了刘邦的队伍，去投奔别的起义军。萧何知道后，来不及向刘邦报告便立刻骑马去追。刘邦以为他们都跑了，于是特别生气。

但是，两天后萧何带着韩信回来了。刘邦又惊又喜，质问萧何，萧何说："我帮您追人去了。"

刘邦生气地说："咱们营里跑的将士得有几十个了，你怎么偏偏去追一个韩信？"

萧何回答说："以前跑的都是平庸之辈，跑就跑了，但韩信不一样，他是一个奇才，您是要得天下的人，很需要这样的奇才！"

刘邦见萧何说得如此恳切，便让韩信做了军事统帅。

果然不负所望，韩信带领军队战无不胜，最终辅助刘邦打败楚霸王项羽，奠定了汉朝的基业。

历史的角落

小风筝大作用

在垓下之战中，韩信巧妙地用了"牛皮风筝"瓦解了楚军的军心。韩信派人用牛皮做了很多风筝，风筝上面绑好了竹笛。等到了晚上，士兵们将风筝放到高空中，笛子在风中发出了凄凉的声音，汉军和着笛声唱起楚地的民歌。楚军听到歌声，便想念起了故乡，斗志涣散。

悲壮的乌江自刎

刘邦躲过了鸿门宴，心里对项羽的防备也变得更多了。经过几番较量后，刘邦提出了鸿沟和议，二人楚河汉界分疆土，从此休战，不再打仗。

项羽执行和议，但刘邦却反悔了，他想与韩信、梁王彭越一起，在项羽没防备的时候突然出击，把项羽消灭。

但是，韩信和彭越都没有来，使得项羽有机会反击，刘邦只好借山势屯兵，双方形成对峙状态。刘邦马上写书信给韩信："如果你可以出兵，我会给你加封土地。"

收到书信后，韩信出兵南下，很快就占领了楚国都城彭城及附近地区，然后从项羽部队侧后方向进攻，使得项羽东西受敌，夹在中间。

这时，彭越也出兵南下，然后向楚军进发，与刘邦的本部一起对抗楚军；汉将刘贾从淮北出发，在项羽的西南方向进攻，一路夺城拓土；

与此同时，镇守北线的楚将大司马周殷叛变，转而围攻项羽。项羽的楚军受到了四面的合围，无奈之下，他只好带兵向垓下逃去。

刘邦哪里能让项羽逃走，他派韩信带三十万大军向前冲锋，命将军孔熙、陈贺为左、右翼配合，刘邦率军为中心力量，将军周勃断后。

项羽令十万大军与韩信对战，韩信被打得连连后退，但不断地追击也让项羽的军队陷入了敌方左右翼包抄的圈子里。项羽大大失利，只好一步步向后撤。韩信乘胜追击，打得项羽落荒而逃。

项羽退回到垓下，但韩信怎么能放过他。在韩信的围困下，项羽越来越艰难：兵卒已经越来越少，粮草也不够，如果一直这样下去，即使不打仗也会被饿死。

霸王项羽夜不能寐。刘邦用了张良的计策，抓住项羽的军士都是楚地人的特点，命汉军高唱楚歌，以动摇楚军军心。

项羽本就心烦，听到四面楚歌响起，他叹息道："难道汉王已经把楚地占领了吗？为什么他的军中有这么多楚人？"项羽越想越惆怅，只好在帐中饮酒。虞姬在一旁和歌而舞，项羽看着眼前的虞姬，又想起自己的战马，不由得唱起悲歌："力拔山兮气盖世，时不利兮骓不逝。骓不逝兮可奈何，虞兮虞兮奈若何！"

左右的副将听到后不禁潸然泪下。虞姬也泪如雨下："汉兵已略地，四面楚歌声，大王意气尽，贱妾何聊生！"唱完后，虞姬为了不连累项羽，让项羽下决心突围，便拿起剑来凄然自刎，项羽悲痛万分。

于是项羽下定决心，率领八百骑兵连夜突围。汉军发现项羽已经连夜走了，马上派出五千精锐追击。项羽跌跌撞撞地渡过淮河，八百骑兵只剩了一百多人。

这天，他逃到阴陵，突然迷失了方向，看到前面一位老农正在锄地，急忙赶过去问路，老人告诉他："向左走！"项羽便带人向左走，但左边是一片沼泽。他们绕来绕去耽误了很多时间，以致汉军追了上来。

　　经过一场激战，项羽往东逃去，此时只剩下二十八个骑兵。项羽见敌不过追击的汉军，于是把部下召集在一起说："我从当年起义到现在已有八年时光，打过近七十场仗，都说楚军战无不胜，人人都觉得我将来能称霸天下。如今落得这般田地，不是我的战略出了问题，而是天要亡我。我今天要与汉军殊死一战。"

　　于是，项羽将仅有的骑兵分为四队，面对团团围住的汉军说："你

们看好，我要杀掉他们一个将领。你们从四面向山下冲，我们到东面分三处会合。"

说着，项羽大喊着往山下冲去，手起刀落，斩杀一个汉将。郎中骑杨喜追击项羽，项羽回头大喝一声，杨喜和马都吓了一跳，掉头就跑。

项羽又转换战术，这次他将骑兵分成了三队。汉军只好将军队也分成三队，分别包围项羽的三个小队。此时，项羽又策马飞出，一个汉将应声倒地。就这样，他杀了近百人，然后迅速回到小队中，这时身边的人才发现，自己的队伍仅仅损失了两名骑兵。项羽得意地问："你们看我刚才的表现如何？"

骑兵们一个个竖起大拇指："大王的英勇真的很让人敬佩！"

项羽带骑兵们继续逃走，一路逃到乌江边，他此时悲痛万分。乌江的亭长驾船前来营救，劝说项羽："大王，您要看开点，以您的能力回到江东后一定会东山再起的。"

项羽摇了摇头说："我哪里还有脸回去见江东父老啊！"说完，项羽把心爱的坐骑托付给了亭长，自己冲向汉军，战至遍体鳞伤后自刎在乌江边上。一代霸王悲哀落幕。

历史的角落

虞姬墓在哪里

相传虞姬在垓下自刎后，项羽带着她的尸体向南跑。但汉兵追得太紧，项羽无奈只好丢下虞姬的尸体，交由兵士将其安葬。后来这里出现的村庄就叫"霸离铺"，大概意思就是霸王别姬之处。

兔死狗烹的结局

公元前 203 年,项羽所封的十八位诸侯王之一英布叛楚归汉,被刘邦封为淮南王。英布归汉后过着神仙般的快活日子,但他却料想不到,这样好的生活很快就结束了。

公元前 196 年的春天,吕后设局杀了韩信,韩信在死前悲痛地说:"狡兔死,良狗烹,高鸟尽,良弓藏,敌国破,谋臣亡。"

这句话让英布惴惴不安起来,结果刚入夏,英布就收到了来自刘邦的大礼——彭越的肉酱。彭越可以说是西汉的开国功臣,却被吕后算计致死,用来"杀鸡儆猴"。

英布惊恐不已,他心想:韩信死了,彭越死了,下一个是不是就该我了呢? 他赶紧集结起部队,以防不测。

淮南国的中大夫贲赫一直想巴结英布,但总得不到机会。这天,英布的一个姬妾生病了,前去一个医生家就医,而这个医生的家正好与贲赫对门。

贲赫准备了许多珍宝献给英布的姬妾,说:"夫人,我一直想得到淮南王重用,但总也找不到机会,可以替我美言几句吗? "

姬妾看着珍宝高兴地答应了。

她回到家后,谈话之间向英布夸赞贲赫,但英布却起了疑心,问:"他这么优秀,你是怎么知道的? "姬妾笑着说:"我得了他好些珍宝,他想让您重用他呀!"

英布摇摇头:"你真是糊涂呀! 怎么能随意收人家珍宝,你这样会误了我大事的! "他越想越生气,派人把姬妾关了起来。

贲赫听说姬妾被关了，吓了一跳，英布招他来问话，他说自己病得不能起身。这样一来把英布惹急了，打算拘捕贲赫。

结果，贲赫不知从哪里听到消息，早早地就跑了。他越想越冤，恶狠狠地对着淮南方向小声说："你不仁，就不要怪我不义了！"贲赫一路来到京都长安，上书说："淮南王英布已经集结部队，准备谋反！"

刘邦看到奏报后十分生气，与萧何商议，萧何说："我觉得英布没有谋反的理由，怕是英布得罪了贲赫，贲赫诬告吧。我们可以先抓了贲赫，再找人暗暗去淮南查查，这样最妥当。"

刘邦点点头，马上派人抓了贲赫，并派人去淮南查探。

不过，阴差阳错，英布没抓到贲赫，却接到了贲赫告他谋反的消息，一时慌了神。他并不知道刘邦派人来淮南查看的真正目的，以为是来抓他的。他叫来亲信说："我要是被带回长安，肯定凶多吉少，干脆一不做二不休，咱就真的反了！"

于是，他杀了贲赫全家，举兵造反。

查探的人还没有到淮南就听到了英布举兵的消息，马上回去复命。

刘邦接到消息，马上释放并抚慰贲赫，任命他为将军，参与平叛。

英布给自己的部将打气说："只要皇帝不带兵出征，我们就有胜算。皇帝老了，肯定不会带兵来，而以前那些厉害的大将，像韩信、彭越，都已经惨死在京都了，开国的三员大将，只剩下了我，没什么可怕的！"

战争之初，英布势如破竹。他击杀荆王刘贾，赶跑楚王刘交，占领了大片地方。

但刘邦却打乱了英布的计划，他真的亲自带兵来平叛了。刘邦和英布遥相望见，看到英布的部队大有当年项羽大军的气势，心里更觉得厌恶了，于是远远地在阵前质问英布："英布，你为何要造反？"

英布扬起头说："就是想弄个皇帝当当！"

刘邦摇摇头，叹口气说："唉！痴心妄想呀！"双方交战到一处，英布的军队战败逃走，渡过淮河，几次停下来交战，都不顺利，最后只剩下了一百多人跟着他一起逃到江南。

英布本以为自己的大舅子长沙王吴臣可以救自己，没想到吴臣设计把英布杀了，并砍了英布的头带到长安领赏。

至此，西汉开国的三位大将全死了！

历史的角落

西汉的异姓王有几个

西汉初期，刘邦论功封赏，异姓封王的有八个人：封齐王（楚王）韩信、梁王彭越、淮南王英布、赵王张耳、燕王臧荼、后燕王卢绾、长沙王吴芮、韩王信。燕王臧荼谋反，被刘邦带兵讨平。后燕王卢绾也被逼而叛变，老死在匈奴。韩王信投降匈奴后征战中被斩。韩信、彭越、英布实力最强，死得也最惨。最后只有赵王张耳、长沙王吴芮得了善终。

心狠手辣的吕后

当年刘邦做泗水亭长的时候，吕雉嫁给了他，为他生了刘盈和鲁元公主。刘邦即位，吕雉成为大汉朝的皇后；后来，刘盈即位，她被尊为皇太后。吕雉是历史上第一位有记载的皇后、皇太后。

她性格刚毅，喜欢权势，做事很果敢。她趁刘邦在外征战之际，联合萧何一起杀了韩信。很多像韩信一样的功臣都很震惊，人人自危，吕后的威名也因此传遍朝野。

梁王彭越被刘邦废为庶人，在流放蜀地的路上碰到吕雉，他说："皇后呀，臣是没有罪的，请帮我向陛下求情不要流放吧！"

吕雉一脸假笑说："好的，你跟我回咸阳吧，我帮你求情。"

彭越以为看到了希望，结果一回到咸阳，吕雉就劝刘邦杀掉彭越以除后患。最狠的是，吕雉让人把他剁成肉酱分给诸侯，诸侯都被吓得战战兢兢。

刘邦为帝时极为宠爱戚夫人，吕雉看在眼里，恨在心上。刘邦离世，刘盈即位，身为皇太后的吕雉马上把戚夫人关在了永巷。

戚夫人被剃了头发，脖子上套了铁圈，穿上囚犯的红色衣服，天天舂米服役。这天，戚夫人舂米时越想越觉得伤心，便唱了起来："儿子在外面做王，母亲沦为苦役，每天从早到晚这样舂米，一不小心就会死掉！母子分开三千里，谁能帮我告诉他！"

歌词很快传到了吕雉的耳朵里，吕雉勃然大怒。

公元前 195 年，她派人杀掉戚夫人的儿子刘如意，但并没有杀死戚夫人，因为她要用更残忍的方法来宣泄自己对戚夫人的愤恨。

吕雉派了几个"手艺"精湛的人把戚夫人残害一番，制成"人彘"。最后命人把这样的戚夫人扔到茅厕中。

当天，吕雉派人带来了刘盈，刘盈见到"人彘"戚夫人的惨状后，吓得失声痛哭，命人去对吕太后说："你做的这些不是一般人能做出来的，寡人作为您的儿子，终究是没有脸去治理天下的。"

从此以后，刘盈一蹶不振，任吕太后去管理国家大事，他再也不愿处理政事，也更加不喜欢这位惨无人道、违背常理的母亲。

公元前 193 年，楚元王刘交与齐悼惠王刘肥朝见，吕雉设宴接待了他们。本来刘盈应该坐上首，但因刘肥是自己的长兄，他就把刘肥安置到上首的位置，自己坐在下首。

吕雉不知道这是刘盈安排的，以为是刘肥自作主张、目中无人，十分生气，便取来两杯毒酒，准备对刘肥下手。

吕雉对刘肥说："你来朝见，我十分高兴，你不请我喝杯祝酒吗？"

刘肥赶紧站起身来，拿了一杯酒。刘盈也跟着站起来，从酒盘中拿出另一杯毒酒要一起敬太后。吕雉一看儿子也端着毒酒，吓了一跳，她赶紧起身打翻了刘盈手上的酒杯。刘肥觉得奇怪，不敢喝这杯酒，装醉离开了。

刘肥回到住处，随从悄悄来报："刚刚您手中的酒是有毒的。"刘肥这下可慌了神，不知所措，口中念叨："完了，完了，死定了。"

内史给刘肥出主意说："太后只生了现在的皇帝和鲁元公主，您可以从这点下手来讨好太后。现在齐王您已经拥有七十座城池，而鲁元公主却只有区区几座城。这样，您如果能舍一个郡给太后，就说送给公主做汤沐邑，那太后一定会很高兴，您也就可以趁此回到封地了。"

刘肥马上按内史的办法去做，把城阳郡送给了公主，并尊鲁元公主为王。果然，吕后放了刘肥，并夸赞刘肥懂事。

公元前180年，吕后的病越来越严重，在病危之际，她推举侄子赵王吕禄为上将军，统领北军，吕产统领南军。但是，她并没有打算让吕家人掌管天下，这么做只是为了保住吕家的荣华。

吕后一闭上眼睛，吕氏一族的荣华也就此完结。吕雉是秦始皇统一中国后第一个临朝称制的女性。

历史的角落

吕氏家族的下场

吕雉为了巩固权力，给吕氏的很多人封了王侯和官职，尽力去保吕氏家族的荣华富贵。但她死后，吕氏的皇亲贵族全被刘氏皇族除掉了，汉文帝刘恒继位后，下令吕氏一族永不得在朝为官。

汉文帝坎坷的登基之路

公元前180年，临朝称制多年的吕后离世，刘氏皇族多年受吕后的压制，现在终于看到了改变朝局的契机。

此时，吕产、吕禄并没有听从吕后的临终告诫，他们兵权在手，企图发动政变夺取帝位。忠于刘邦的丞相陈平和太尉周勃、皇孙朱虚侯刘章携手诛灭了吕氏势力，商议由谁来继承皇位。经过一番权衡，他们看中了宽厚仁慈的代王刘恒。刘恒排除种种困难，登上了帝位。

刘恒是刘邦的第四个儿子，他的母亲是薄姬。薄姬本来是魏王的姬妾，当年楚汉战争时，薄姬被俘，在织室织布。正是这时，她遇到了刘邦。刘邦觉得薄姬气质不一般，便把她收到自己后宫。

过了一段时间，刘邦竟忘掉了这件事，直到有一天他听到有人谈论当年与薄姬的事才想起来。

于是刘邦当天就召来了薄姬，薄姬笑笑说："昨天晚上我梦见一条苍龙盘在我的肚子上。"

刘邦惊讶地说："是吗？这显然是吉兆呀！"

后来，薄姬怀了身孕，一年后刘恒出世。吕后掌控朝政时，薄姬见吕后心狠手辣，为了保护儿子，她特意请旨带着刘恒去封地。吕后本就觉得宫中女人讨厌，现在既然薄姬主动离开，她当然愿意了，便高高兴兴地送薄姬母子去了晋阳，并封刘恒为代王。

刘恒是汉惠帝刘盈的弟弟，汉惠帝死后，吕后立了小皇帝刘弘继承皇位，但刘氏一族认为刘弘并非汉惠帝的亲生儿子，并不符合皇位继承的制度，因此对于这个小皇帝即位并不赞同。

按制度来说，刘盈没有孩子，他死后应该立他的兄弟为帝，如果兄弟也离开人世了，可以将兄弟家的孩子过继过来，立为皇帝。但吕后并没有这么做，她觉得刘弘年纪小，好掌控，比让刘璋或者刘恒继位更好。

不过，刘氏一族还是支持刘恒的，他们认为刘恒名声较好，于是，吕后去世后，他们就立刻派出使者去接刘恒到长安继承皇位。

刘恒虽然有心做皇帝，但因为远在代地，对朝中局势信息掌握得并不多，再加上多年来形成的防备心，所以当使者来接时，刘恒不敢轻易答应，只说自己病了，并不接见使者。

有人为使者出主意：可以用占卜来说服刘恒。当时人们对占卜之术还是很信服的。于是，使者请来占卜师，占出了"大横"的结果，意思是刘恒前途顺畅，可以做皇帝。

就这样，刘恒才决定入京。当然，这一路上并不太平，他们步步为营，生怕中计，丢了性命。

刘恒到了渭桥，群臣纷纷出来迎接，刘恒也谦虚地回礼。此时，太尉周勃为了试探刘恒，站出来说："臣有事要报，请您给我一会儿时间，我想单独回禀给您。"

刘恒的属下宋昌大声说："如果太尉要奏报的是公事，那就在这里当着全体大臣的面说吧；如果所说的是私事，帝王哪会和您有私事可言！"

周勃听到这话，"砰"地跪在地上说："臣来送天子玉玺。"

刘恒摆摆手："到京都的驿馆后咱们再谈吧！"

大臣们看到刘恒的表现，心里十分高兴。陈平等人排开队形，迎接刘恒入了驿馆。几天后，刘恒受群臣拥立，登上帝位，史称汉文帝。

刘恒在位二十三年，生活简朴，平时只穿用简单的黑丝绸做的衣服，也没有置办车骑服御之物。他也多次下诏让各郡国不要献奇珍异宝，甚至连古代帝王最重视的陵墓也没有命人夸张大修，只简单设计了墓室。

生活如此朴素的汉文帝刘恒，把心思都放在了政事上。他推行的方针政策和措施很有效，很快推动了社会的发展进程，使当时的社会经济水平得到了显著的提高。很多在外流浪的人都返乡种田，人口快速增长。

汉文帝提倡和亲止战，使得边关战事减少，军队得以休养生息。刘恒去世后，长子刘启即位，称汉景帝。在父亲奠定的基业下，汉景帝加以继承和改革，将汉朝推向建立以来最鼎盛的时期，史称"文景之治"。

历史的角落

吕后为什么不杀薄姬

吕雉对戚夫人那么狠，却没有杀薄姬，是因为薄姬为人低调，吕后觉得她没有威胁。刘邦并不宠爱薄姬，在薄姬生下儿子刘恒之后，刘邦对她的感情就更淡了，她又自请去封地，自然不会引得吕后在意。

七王之乱是怎么回事

汉景帝即位后，各诸侯的势力越来越大，眼看就要威胁到中央权力，如果不及时整顿，后果不堪设想。

为了削弱诸侯的权力，御史大夫晁错献计削藩，也就是把各诸侯的封地都收回来。

公元前155年，薄太后去世，楚王回长安奔丧。晁错抓住时机对汉景帝说："楚王刘戊在给薄太后服丧期间依旧管弦不断，歌舞享乐，这可是大忌！"

汉景帝听后十分生气，便下令："刘戊在为太后服丧期间依旧享乐，赦免死罪，削减东海郡。"

就这样，汉景帝在晁错的帮助下逐渐把很多藩地都削减了。例如，赵王刘遂因为犯小错被削了河间郡，胶西王刘卬因为买官卖官被削减六个县，吴王刘濞也因小事被削夺了封地……

汉景帝的这一举动在全国上下引起了不小的轰动。当然，受影响最大的还是各诸侯国，诸侯人人自危。

其中，吴王刘濞反应最激烈，他见形势越来越紧张，就打定主意，主动找到胶西王刘卬说："您看皇帝现在因为一点小事就削减诸侯的封地，这是不是削藩的兆头呀？"

胶西王刘卬回答说："我也这么觉得，吴王有什么高见？"

刘濞压低声音说："我们与其在这儿等着被他一点点夺走，不如干脆反了！"

胶西王刘卬点点头："我同意！事成之后，你我将汉天下一分为二，各自治理。"

他俩一拍即合，刘卬联合齐地诸王，刘濞也派人动员了赵、淮南等国，约定好时间，共同起兵，人称"吴楚联军"。

吴楚联军作为主力军渡过淮水，以"请诛晁错，以清君侧"的名义，向西进攻，胶西等国作为辅助力量也一齐进攻。由于刘濞早有预谋，七国军队的叛乱进展得很顺利，初战告捷。

汉景帝闻知消息，和晁错商量出兵事宜。晁错说："臣觉得您应该带兵出战，这样更能振奋军心。"

汉景帝让晁错出去，低头沉思。这时，曾为吴国丞相的袁盎说："其实这次吴楚联军并不是有心造反，他们针对的是晁错，晁错削藩的计策是有问题的。不过，臣倒是有一个好办法，叛军既然打着'清君侧'

的旗号，那我们就满足他们，杀了晁错，清了君侧，他们就没有反叛的理由了。"

汉景帝采纳了袁盎的计策，封袁盎为太常，让他秘密出使吴国。

十几天后，在汉景帝的授意下，丞相陶青、中尉陈嘉、廷尉张欧联名上书，弹劾晁错。汉景帝下旨："晁错陷害忠良，引发诸侯战争，判腰斩，晁氏全族满门抄斩。"

汉景帝天真地以为，会如袁盎所说迎来天下太平，吴楚联军也会就此撤军，但他想错了。吴王刘濞见汉景帝杀了晁错"讨好"自己，以为景帝软弱无能，反而更坚定了反叛的决心。他自封为东帝，同时也拒绝了使者袁盎的谈和。

本来顾念手足之情的汉景帝看到这种情况，只好出兵镇压叛乱。他派太尉周亚夫带着三十六位将军抵挡吴楚联军主力；派曲周侯郦寄带兵攻打赵国、栾布攻打齐国，大将军窦婴驻守荥阳，观察赵、齐两地镇压情况，随时准备增援。

吴楚联军走到梁国时，汉景帝的弟弟梁王刘武奋力抵抗，但他的力量毕竟很小，没能拦住联军，于是请求周亚夫援助。

周亚夫接到军报后，感觉联军力量强大，正面抵抗取胜的概率比较小，所以奏请景帝："请梁王先拖住联军主力，找到机会把他们后方的补给断了，我们从侧边绕过去包围，这样取胜的机会更大一些。"

汉景帝同意了周亚夫的计划，立刻派人告诉梁王，让他暂时拖住吴楚联军，等待周亚夫。梁王便闭了城门，拖着吴楚联军，周亚夫绕道进军，迅速到洛阳屯兵，等待时机。

吴楚联军全力进攻梁王，梁王实在难以抵挡联军的进攻，又向周亚夫求援，但周亚夫没理梁王，只向东进发，屯兵在梁国北边的昌邑。

梁王全力顶着，再三请周亚夫增援，但周亚夫还是拒绝发兵。梁王

一气之下向景帝求救。汉景帝立刻下诏，让周亚夫出兵，但周亚夫竟然抗旨，仍旧按兵不动。

无奈之下，梁王任命韩安国、张羽为将军，拼死抵御吴楚联军。梁国城池此时防守得越发严密，吴楚联军久攻不下，转头奔向了周亚夫的军队。

但周亚夫坚守不战，吴楚联军连连发动攻势，就是攻不破周亚夫的防守。

所有人都以为周亚夫抗旨不战，其实他早已派兵南下，阻断泗水入淮口，把吴楚联军的后方粮道切断了。

前方久攻不下，后方粮草跟不上，一段时间后，吴楚联军士兵、马匹都无力作战。几次攻城没有结果，偷袭也没有成功，将士人心涣散，很多人奔走逃散。此时，周亚夫出兵追击，吴楚联军大败，吴王刘濞被杀。七王之乱被平定，西汉中央集权得到巩固和加强。

历史的角落

周亚夫立威

汉文帝刘恒曾亲往周亚夫的军营犒劳军士，结果他的使臣被挡在军营外。

使臣说："天子来了。"

守门军士站得笔直，严肃地说："军中只知道将军的命令，不接受天子的诏令。"

刘恒到达后派人前去告知周亚夫，周亚夫才命人打开营门，并禁止他们在营中骑马奔驰。

进入军营，刘恒看见营内军士各守其位，肃然严整。刘恒欣慰地说："这才是真正的将军和军队啊！"

雄韬武略的汉武帝

汉武帝刘彻并不是汉景帝的长子，也不是什么得宠妃嫔的儿子，他只是汉景帝的第十子，他的母亲地位也不高，是妃嫔中品级很低的美人。但刘彻四岁封王，七岁为太子，十六岁即位，史称汉武帝。

刘彻的雄韬武略令人赞叹。他革故鼎新，开疆拓土，在位五十四年，把西汉推向最繁盛的时期。

汉朝经过"文景之治"的高光时刻，经济已经非常繁荣，国库充足，百姓康乐，吏治清明。但繁荣背后的负面问题也越来越严重，积聚了很多矛盾。许多诸侯变得不安稳起来，都觉得自己很强大，有了反心。与此同时，边境的侵略也越来越频繁。

刘彻即位时，祖母窦太后还在，政权大都由窦太后把控着，刘彻的很多抱负无法实现。直到窦太后去世，二十二岁的汉武帝才开始一展身手，他立刻下了诏书："任何一个雄伟的事业都不是一下成功的，它必定会依靠拥有不同才能的人。所以，有的马急速奔跑便能日行千里；有的人背着世俗异样的目光却可以建功立业。无论是难以驾驭的马，还是放纵不羁的人，只要识得他们的才华，选用并可以驾驭他们，那他们便能发挥才能。各州郡选拔杰出人才，上报朝廷者给予奖励。"

选拔人才的诏书发出后，大臣们都忙了起来。刘彻把天下文士召集在一起，亲自出题，选贤士、纳良臣。董仲舒、田蚡等大臣就是这样被选拔出来的。

汉武帝刘彻广纳贤才，以儒学统一思想后，便开始了大刀阔斧的改革：对内，他加强中央集权，平定诸侯蠢蠢欲动的心；对外，他率领手下猛将开疆拓土，名震四海。他在位五十多年间，四十四年都在与匈奴作战。

卫青、李广、霍去病、韩安国等都是汉武帝时期的猛将，他们征战多年，把盘踞在北方的匈奴都赶走了，汉朝的土地东北延伸到浑江、鸭绿江流域，西部延伸到了新疆、甘肃，疆域越来越大。

不过，这位雄才大略的皇帝晚年时也并未脱俗，他学秦始皇造宫殿，把自己的宫殿造得极其奢华。他沉浸在享乐中，猜忌心也越来

越重。

　　一天，汉武帝正在榻上小睡，梦中他看到几千个木头人手持棍棒一同向他跑来，看样子要打他，他一下醒了。虽然知道是梦，但汉武帝从此以后觉得浑身不舒服。有人奏报说这有可能是巫蛊作祟，汉武帝听后深信不疑，并派宠臣江充为使者去查巫蛊。

江充与太子刘据有矛盾，于是趁机陷害太子。"陛下，臣在太子宫中搜出很多木头小人，还有一些帛书，内容大逆不道。"江充献上木人和帛书。

汉武帝大怒，命人把太子刘据带到宫里。太子很害怕，便向自己的少傅石德求助，但石德怕被牵连，就对太子说："您现在说不清楚了，因为您既不能证明江充搜到的东西不是你宫中的，又无法证明有人陷害，那您不如伪造诏书，先把江充抓了再说。"

太子回答说："这种做法可以吗？这样不更显得我有问题吗？"

太子虽然不赞同，但现在走投无路了，只好按照石德的计策行事。

太子刘据抓住江充杀了他，又将江充手下的胡人巫师烧死在上林苑中，然后打开武器库拿出武器。长安城中此时已是一片"太子造反"的声音。

汉武帝听到这个消息，更加相信江充的话，越想越生气，亲自下诏："抓到反贼之人必有重赏！"

此时太子刘据还没有意识到问题的严重性，他还在外面宣称："父皇在甘泉宫养病，却受到小人陷害，奸臣作乱。"

汉武帝气势汹汹地回到建章宫，征调军队来抵挡太子刘据的军队。最后太子大败，还连累了母亲卫皇后。皇后卫子夫在后宫自杀，一段时间后，刘据也自缢而死了。

汉武帝晚年，他的头脑已清醒过来，也检讨了自己的过失。他召集群臣说："朕自即位以来，做了很多狂悖的事，天下人都不明白我在做什么，现在后悔也没有用了。从今天开始，再有胆敢伤害百姓、损害汉朝江山的人，都要一一罢黜。"

他随后采取了很多休养生息的政策来补救自己的错误，开始把政策的重心转移到民生上来。

历史的角落

从汉武帝开始用年号纪年

汉武帝之前，使用的是君王在位年次纪年法，如汉文帝二年；到了汉武帝执政后期，开始使用年号纪年法。汉武帝规定，年号应该用天瑞来命名。所谓天瑞，就是自然降临的祥瑞。汉武帝即位的第三十年，也就是公元前111年，在他封禅泰山后，下诏将第二年定为"元封元年"。"元封"就是年号，汉武帝在位五十四年，共用了十一个年号。

✤ 卫青和霍去病谁更厉害 ✤

卫青小时候生活很苦，他的父母没有生活在一起。他自小在父亲家长大，但父亲并不喜欢他，让他做放羊娃。长大一点后，他跑到母亲家里，母亲送他去给平阳公主做骑奴。

一次，汉武帝去霸上祭祀先祖后来到平阳公主府休息，刚好遇到卫青同母异父的姐姐卫子夫。汉武帝对卫子夫一见倾心，随即就派人带着她进了宫，封她为夫人。

卫青在姐姐的引荐下也进了宫，做了汉武帝的侍卫。

卫青是个英勇无比、聪慧过人的人，汉武帝也因此特别欣赏他，连连封赏，甚至封他做了太中大夫，旁听朝政。

当时，内部诸侯动荡不安，外部匈奴横行中原，屡次兴兵南下侵犯边境。汉武帝派卫青、公孙敖、公孙贺和李广分别统率一路军队，从四路攻打匈奴。

但是，匈奴太厉害了，其他三个将军都打了败仗，只有卫青一队人马直插匈奴的腹地，匈奴七百余人死于卫青手中。这是自汉初以来对战匈奴的首次胜利，从此，卫青的名号在匈奴中传扬开来。

这件事后，汉武帝更加重用卫青，并把攻打匈奴右贤王的任务交给了他。

卫青派人悄悄打探，寻找合适的机会。机会终于来了，右贤王这天晚上要奖赏自己的士兵。卫青暗自高兴，他抓住这一时机，连夜快马加鞭偷袭匈奴的营地，把喝得醉醺醺的一万多个匈奴兵全部俘获，还意外俘获了来给右贤王庆祝的十多个匈奴小王，只有右贤王带着几百骑兵连夜突围逃跑了。

汉武帝接到战报，派使者送圣旨到营地，封卫青为大将军。

使者宣旨：“卫青封为大将军，卫青之子封侯……”

卫青跪着接过圣旨，却没有站起来，而是对使者说：“我的将军之位是靠军功得来的，那是皇上的福泽和将士们的努力，而我的三个儿子都还在襁褓中，并无任何功劳，这样分封他们，我的将士们会不服气，我一人独揽军功，让我以后怎么激励将士们？”

使者赶快扶起卫青说：“好的，将军，我一定会将您的话带给陛下。快快请起。”

果然，使者把卫青的话原封不动地带给汉武帝，汉武帝听后又补了一道圣旨，封赏了卫青手下的几位将军。

霍去病是卫青姐姐的孩子，也就是卫青的外甥，两人虽然有年龄差距，但是同一时期的将军，还曾经联手打过匈奴。

当年，已被封为大将军的卫青突然发现自己的外甥霍去病有着过人之处：刚刚十几岁的孩子，竟然最爱跟着卫青读兵法，舞刀弄枪。汉武帝也很喜欢他，让他做了自己的近臣侍中，还称赞他对兵法见解独到。

霍去病刚满十八岁时，汉武帝派卫青统领十万大军征伐匈奴。听到这个消息后，霍去病很高兴，他向汉武帝递交了随军出征的申请。

汉武帝满口答应，并对卫青说："你这个外甥，真的有一种初生牛犊不怕虎的劲头，你要多鼓励他，带他出征吧。"

汉武帝封霍去病为嫖姚校尉，卫青挑了八百精锐骑兵归霍去病指挥。霍去病带着八百骑兵一路向北，打击匈奴军。

霍去病的骑兵速度很快，没多久就距离大部队越来越远，失去了联系。其中一名副手问霍去病："您这样一路深入敌方，万一前方遇到匈奴人，咱这才八百人，估计打不过，还是等一等大部队吧！"

霍去病看了他一眼说："你不要扰乱军心，咱们八百人也有八百人的好处。"

副手问："有什么好处？匈奴人是很多的，而且也很厉害，如果真遇到他们，我们就只能全军覆灭。"

霍去病说："咱们这种小队伍才安全，匈奴只注意大部队，我们这种小队伍他们根本发现不了，最好是现在就遇上他们，咱们可以快、准、狠地打一仗。"

他们继续快马加鞭地赶路，又走了几百里，前方突然出现了一些营帐，还有人马的声音。

霍去病令全军停下，派人前去探查，傍晚时分，探查的人来报："是匈奴的营地。"

霍去病点点头，把八百名骑兵召集在一起，坚定地说："匈奴就在眼前，立功的时候到了！冲！"声音很小，但很坚定。

天色越来越暗，霍去病的小队人马飞快地冲进敌营，把匈奴军吓了一跳。他们根本看不清霍去病人马的数量，以为是汉朝大军来袭，乱成一团。

霍去病首先进入营帐，英勇杀敌，八百骑兵也紧随其后，个个勇猛无比。匈奴哪里遇到过这种战术，还没来得及反应过来，全营已经被夷为平地。霍去病清理战场时才发现，他们竟然杀了匈奴两千多人，捕获的俘虏中竟然有单于的叔爷爷。

要说卫青和霍去病谁更厉害，恐怕每个人的看法都不一样。不管怎样，两个人都为西汉王朝开疆扩土，做出了贡献。

历史的角落

卫青的身世

卫青是卫子夫同母异父的弟弟，他们的母亲是卫媪。卫媪与她的丈夫生了一男三女，第三个女儿便是卫子夫。卫媪在平阳侯家里做事的时候认识了县吏郑季，两人生下了卫青。卫青曾被送到亲生父亲家里生活，但处处遭虐待，于是稍大一点便回母亲身边做平阳公主的骑奴。

苏武牧羊十九年

公元前 100 年，匈奴的新单于即位，他知道自己政权尚未稳定，怕大汉趁此机会灭了自己，便一心想与大汉修好，送还了之前扣押的汉使，商量双方暂时止战。

汉武帝也有自己的考虑：大汉多年受匈奴侵扰，百姓苦不堪言，将士们也是不胜其烦。于是就答应了单于的请求。

汉武帝派苏武手持使节，带着临时委派的使臣常惠等一百多人出使匈奴。此次出使有两个目的：一是送被扣留的匈奴使者回国，二是给新单于带些礼物作为答谢。

但是，事情并不如人所愿。苏武把使者顺利送到匈奴，也交接了礼物，却没有想到匈奴上层发生内乱，打乱了之前的约定。一位匈奴掌权者看中了苏武的能力和气节，便要求单于把苏武留在匈奴，单于当然也很乐意让苏武留下。但他去找苏武时，却遭到了苏武的严辞拒绝。

单于派卫律去劝说，卫律告诉苏武："您留下后，单于一定重用您，而且，您还会得到丰厚的财富，何乐而不为呢！"

苏武坚定地说："我为大汉使官，怎么可以背叛大汉？"

单于见劝说没有用，越发想使他屈服，便用酷刑来逼苏武就范。

酷寒严冬，鹅毛般的大雪纷纷扬扬，大地一片白色。苏武被关在一个露天的地窖中，单于命人看着，不提供水，也不给食物。单于想用这个办法来迫使苏武求饶。

但苏武咬紧牙关，渴了就吃一把雪，饿了就嚼身上的羊皮袄，冷了就缩在角落里。几天后，单于看到地窖中的苏武已经被折磨得奄奄一息，却还是没有答应留在匈奴。

单于是个惜才之人，不想苏武就这样死掉，便把苏武放了出来。不过，苏武仍是软硬不吃。单于虽然心里生气，但对如此有气节的苏武却是越来越敬佩。有人献计给单于："既然您不想放他回汉朝，他也不想归顺匈奴，那就流放到北海，让他去放羊，什么时候他同意了，就什么时候接他回来，那种苦寒的地方，他坚持不了多久的。"

单于点点头，召来苏武说："你的气节令我敬佩，但我不想把你放回去，这样，你去北海放羊，什么时候羊生了羊羔，你就可以回汉！"同时把他的部下常惠等人安置到别的地方。

苏武来到北海，看着羊群叹了口气："这里全是公羊，怎么生羊羔，唉，今后我们就相伴度日吧！"

苏武抱着汉朝的旌节，无论走到哪里都不丢下，因为那象征着他来自大国的尊严。他虽然天天以野果为食，但心心念念的都是自己的国家。

这样的日子一过就是十九年。苏武的旌节已经变秃，头发也变得花白，当年下令囚禁他的单于去世了，汉武帝已撒手人寰了，此时汉朝的皇帝为汉昭帝。

公元前 85 年，匈奴内部又发生动乱，单于只得再次与汉朝修好，汉昭帝提出的要求之一就是"放苏武、常惠等人回汉"。

单于爽快地答应让常惠等人跟着使者回汉，但他对汉朝使者说："我也很遗憾，苏武已经死了，是没有办法跟着您回去了。"

常惠当然知道苏武在北海，并没有死。于是他买通匈奴的随从，悄悄见到汉朝使者，把这些年发生的事情都告诉了使者。

第二天，汉朝使者见了单于，严厉地说："单于，我没想到您这么没有诚意，您不是说苏武死了吗？为什么我们却接到了苏武的信？我们皇上在上林苑射下一只大雁，大雁的脚上拴着一条绸子，那是苏武亲笔写的一封信。信中说他在北海放羊，单于，您对这件事如何解释？"

单于脸色变得铁青，他心里充满疑问，不禁脱口而出："这怎么可能，苏武年纪已大，怎么可能捉到大雁，又怎么可能写书信？难道是他的忠义感动了飞鸟？"单于身边的人也非常惊讶。

使者说："听单于的意思，苏武大人就在北海，那就快快请回来吧！"

"好，好，对不起呀使者大人，苏武的确还活着。"单于知道现在不能得罪汉朝，只好连连道歉。

单于派人将苏武接回，使者带着苏武、常惠等人一同回了汉朝。当年跟着苏武出使匈奴的有一百多人，现在只剩下常惠这几个人了。

年迈的苏武看着随行的几个人叹了口气："十九年了！我终于可以回到长安了！"

苏武一行人回到长安，百姓纷纷出门迎接，赞扬苏武不屈的气节。

历史的角落

汉朝的节杖长什么样子

苏武牧羊时，他手中拿的东西就是旌节，是表明大汉使节身份、代表大汉皇帝、象征大汉国威的，也叫节杖、汉节、使节。汉朝派往匈奴去的使臣所持的节杖都是以竹为杆，上面缀有牦牛尾毛。

实力不足的野心家王莽

王莽出身于显赫的王氏家族，父亲是新显王王曼，姑母是孝元皇后王政君。虽然父兄先后去世，但随叔父长大的他没有受到半分薄待。

王家是一个大家族，先后九人封侯，出了五个大司马，是当时最显贵的家族。

因为家族很大，家族中人便依靠祖上留下的功绩尽情享乐，仗着祖上的威名声色犬马，奢侈无度。但是，王莽却是一股清流，他虽是王家一员，却生活简朴，为人亲和，无论是对母亲还是嫂子都十分孝顺，对供养自己成长的叔父也十分尊敬。

在家族公子中，王莽显得很优秀，得到了不少好评。

王莽年轻的时候开始做官，三十岁被封侯。汉哀帝去世后，王莽的姑姑王政君身为太后，第一时间收回传国玉玺。汉哀帝没有孩子，王太后要求先选出大司马主持朝政，大家推选了王莽。

虽然有人反对，但由于大多数人推选，王莽还是当上了大司马。不久，王太后诏命王莽录尚书事，兼管军事及禁军。他上任后的第一件事，就是选了一位当时只有九岁的孩子做了皇帝，史称汉平帝。这样一来，整个汉朝的权力都掌握在王莽一个人手中。

随着权势的增加，王莽的野心越来越大。他开始想办法清理对自己有威胁的势力，逼着姑母王太后赶走了叔父，然后选了天天拍他马屁的人填补职位。对于那些曾经反对自己的人，他都想办法换掉了。

为了巩固自己在朝中的地位，王莽还拉拢了三朝元老孔光。孔光很受大家敬重，只是为人过于谨慎，甚至有些胆小怕事。王莽把孔光收为

己用，利用孔光上奏的影响力为自己宣传造势，排除异己。

王莽的野心越来越大了，但他还是很会掩饰。平日里，王莽总是一副行为正直、处事严肃的样子。但是，当他遇到自己想要办的事情时，只需要一个小小的示意，拥护他的人就一起上奏，满足他的意愿。很多时候，王太后经不住群臣的围攻，只好点头同意。虽然王莽达到了自己的目的，却还是要跪在地上大哭，表示自己并不想这样，所以，王太后一直觉得王莽天天受委屈。

汉平帝没有来得及执掌朝政就去世了，朝廷只好重新选帝。王莽觉得年龄大的不好控制，他的权力会受到威胁，所以选了只有两岁的刘婴做天子，汉平帝的皇后为皇太后。这位皇太后正是王莽的女儿。王莽代天子理朝政，称假皇帝。

王莽在朝中的势力如日中天，几乎等同于皇帝，这引起了刘氏宗室的不满。刘氏子孙刘崇召集人一起去反王莽，但他只召集了一百多人，实力悬殊，连城都没进就输了。

王莽指使同党向太皇太后进谏："刘崇造反是因为安汉公（王莽）的权位太小，如果安汉公的权势够大，绝对不会有人敢再造反。"

太皇太后点点头："国不可一日无君，王莽权势不大，才会让人不服。应拟旨由王莽以皇帝权力处理朝中事务。"

王莽假意推辞，最终"勉强"接了旨，其实心里早已乐开了花。

然而王莽的能力并没有他的野心那么大。第二年秋天，东郡太守翟义起兵，拥刘氏子孙刘信为帝。翟义对天下人说："汉平帝是王莽毒死的，王莽有篡权的心已经很久了，现在天下有了皇帝，请大家跟着新皇去讨伐王莽！"

面对这种威胁，王莽也有自己的一套办法。他抱着三岁的刘婴天天在宗庙祷告，宣称："我只是暂时管理国家事务，大汉天下还是刘家的，我怀中抱的不就是刘氏子孙吗？权力迟早要还给皇上的！"

叛军可不管他的哭诉，直接大军来袭。王莽派出心腹带领军队镇压。经过半年多的时间，总算压制住了叛乱。此时，王莽对近臣说："我觉得做个代理皇帝容易被人诟病，不如就当个真皇帝。"

公元 9 年正月，王莽把汉朝改为"新"朝，自己称"新皇帝"，登上了最高的权位。他即位后，社会危机进一步加深，终于爆发绿林赤眉起义。最后，新朝灭亡，王莽被人杀死。

历史的角落

王莽的头

传说王莽死后，他的头被东汉皇帝收藏，直到晋朝惠帝时，洛阳遭大火，头才被烧掉。这件事在正史中并没有记载。有人说收藏王莽的头是为了警示后人，这种说法站在东汉的立场上是可以理解的。但魏晋依旧收藏是什么原因，这种说法就难以解释了。还有一种说法，就是以收藏王莽头的方式来提醒自己，失去人心必然会丢掉江山社稷，断送个人性命。

生死存亡的昆阳之战

王莽统治的后期，爆发了绿林赤眉起义，各地打着各种名号的起义愈演愈烈。公元 23 年，西汉宗室刘玄被绿林军的主要将领拥立为帝，建立更始政权，复用汉朝旗号，此举大大震动了新朝，王莽随即派遣大司空王邑、大司徒王寻发各州郡精兵共四十二万扑向昆阳和宛城一线，力图一举扑灭新生的更始政权。

王莽将希望都寄托在了王寻、王邑的军队上。当时，起义军中最有实力的是刘秀带领的汉军，汉军很害怕王寻、王邑的这支队伍。五月，汉军在行进中遇到王寻、王邑的大军，当他们看清楚对方是谁后，根本没有打，掉头就往回跑，一路退到昆阳城。

新朝十万大军围攻昆阳，而昆阳守军总共只有一万人，形势十分严峻。

汉军的将士们早就听说王寻、王邑军队的厉害了，一位将军说："我们遇到这支军队不用打就会输的，现在咱们不如回家吧，这样还可以保存实力。"

汉军的首领刘秀说："现在昆阳城里粮草本就不多，外面王莽的军队又虎视眈眈，如果我们集中兵力去拼一把，或许还可以立功；假如现在就撤退，撞上王莽的军队，估计连命也保不住。"

"那我们的援军什么时候能到呢？"一个副将问。

刘秀摇摇头："咱们的部队还没有攻下宛城，不能赶过来，如果昆阳城被攻破了，那用不了一天工夫，咱们就会全军覆灭！"

将士们没人说话。刘秀继续说："现在正是要大家同心协力的时候，你们反而如此贪生怕死，只知道想着老婆、孩子！"

"刘将军怎么能这么说我们呢！"很多将士急了，"我们贪生怕死吗？我们只是担心家人而已。"

刘秀看着大家的士气已经被激发出来了，便笑着站起来。此时，侦察的骑兵回来报："敌人大军到了城北，士卒人数众多，估不出数量。"

"我们怎么办？"一个将领问刘秀。虽然很多将士不看好刘秀，军中传刘秀为人优柔寡断，不像带兵之人，但关键时刻军中团结最重要，所以大家还算服从刘秀的指挥。

刘秀走到沙盘前，给大家制订了具体的作战方案，让将士们按方案行动。虽然大家决定按刘秀的方案执行，但还是存有疑虑，毕竟刘秀总给人懦弱的感觉。

刘秀让王凤和王常守住昆阳，他带着十三名精干的骑兵当夜出了昆阳城南门，到外面去调集部队，准备对新军内外夹攻。

王寻、王邑的军队已经把昆阳城围了里三层外三层，战鼓声扰得昆阳城人人自危，冲车不断攻城，弓箭也如雨一般，城里的人出门都要背着门板。

此时，王凤在昆阳城内向外传递信息说："我已经投降了，你们停止进攻吧！"

但是，王寻、王邑根本不想搭理王凤的主动投降，他们认为遇城而能攻下，就不能显示军威，而且在他们心里，攻下昆阳是片刻之间的事情。

有人建议王邑给昆阳城留个出口，并且派人去宛城报告，就说昆阳已经快失守了，这样能扰敌军心。但自负的王邑摇摇头说："玩什么计谋，我们就这样打进去，然后再去打宛城，有什么打不下来的！"

昆阳城内的汉军军民并肩战斗，一次一次地打退新军的强攻，这个时候，刘秀已经调集了沿途营地的全部军队，回到昆阳城外，与王寻、王邑的军队摆开阵势。

王寻、王邑一点也没有把刘秀放在眼里，他们只派了几千人应战，结果被刘秀一下杀了几十人。刘秀身边的将士们都高兴地说："没想到刘将军平时看起来很软弱，遇到强敌反而变得英勇了！"

刘秀再次发起进攻，其他将军也跟着冲锋，这一下就斩了王寻军中上千人！

刘秀又精选了三千人的敢死队，自城西冲击新军。汉军的士气越来越足，并一鼓作气打垮了王邑、王寻的部队，斩了王寻。王邑的中坚军队被冲垮，王寻被斩杀后，新军各部队失去了指挥中枢，立即乱成一团。这时，昆阳城里，王凤的军队听到城外汉军的战绩，跟着击鼓冲了出来，里应外合，喊杀声震天动地。王寻、王邑的军队全线崩溃，士兵四下逃跑。

当时，雷雨交加，大风肆虐，屋子上的瓦片被打得乱飞，王莽军的兵卒四下乱窜，互相踩踏，有的被踩死，有的被瓦片、杂物砸伤，有的掉到河里。王邑仅带着少数人，踏着死尸渡河才得以逃脱。

昆阳之战，以王莽主力军大败结束，东汉的篇章即将开启。

历史的角落

刘秀真的可以召唤陨石吗

《后汉书》中记载，昆阳之战时雷雨交加、大风肆虐，的确有一种特殊天象："夜有流星坠营中，昼有云如坏山，当营而陨，不及地尺而散，吏士皆厌伏。"这种奇异的天文现象就发生在昆阳城外的大营中，同时刘秀带兵来了，自然连连得胜。但是《汉书》和《资治通鉴》都没有记载天降流星陨石一事，刘秀会不会召唤陨石，大家不得而知，唯一可以看到的是刘秀真的会审时度势，利用时机。

～ 刘秀的光武中兴 ～

刘秀是汉高祖刘邦的九世孙。到了他父亲这一辈时，却只是县令这样的小官员了。父亲死后，刘秀与兄妹由叔父抚养，成了平民百姓。后来，刘秀到长安入读太学。新莽末年，天下大乱，刘秀也和长兄刘縯起兵，在昆阳之战中立下了首功。

刘秀的表现使原本觉得他唯唯诺诺的人们也对他佩服起来，而且坊间也把刘秀说得很神。正在刘秀乘胜追击、马不停蹄地攻城时，他的长兄刘縯被更始帝刘玄杀了，刘秀受了极大打击。

虽然刘秀悲伤至极，但他为了防止更始帝怀疑自己，还是快马加鞭地回到宛城，向刘玄谢罪。

刘玄低头皱眉看着刘秀说："你这个兄长简直太过分了，竟然如此犯上！"

刘秀赶忙跪在地上说："我兄长犯上，就是不可饶恕的罪过，臣也有罪，没有约束好自己的兄长，请皇上重罚。"

刘玄见刘秀态度这么诚恳，便安抚说："他犯上与你无关，起来吧。"

"不，臣有罪。"刘秀还是不肯起身说，"臣是不打算为兄长穿丧服、办丧事的。"

刘玄并没有回答，但是暗中派人去观察，果然刘秀没有给兄长办丧事，平时在吃饭、聊天时也不见悲痛之色。刘玄很满意，但此时反而有些惭愧：自己因为刘縯顶撞而杀了他，可刘秀这么谦卑，真是有些愧对于他啊。

正因为刘秀的谦卑，他不仅没有受刘縯的连累，还被封为破虏大将军、武信侯，并如愿以偿地迎娶了他喜欢多年的女子阴丽华。

其实，刘秀心里是很悲伤的，有时甚至在一个人的时候会伤心地哭，他的谋士冯异劝他尽情哀痛，但刘秀摇头拒绝了。

所以，刘秀在宛城的这段时间很安全，没有引起刘玄的注意。此时，王莽王朝的命数也到了，黄河以北各州郡都在持观望态度，要不要派刘秀去，刘玄很为难。

冯异劝刘秀反了更始帝，但刘秀还是犹豫，他觉得自己的实力还不够。于是冯异说："如果你现在不反的话，那么就先去笼络好左丞相曹竟和他的儿子尚书曹诩，这样你才能有机会去扩展实力。"

刘秀点点头，派人送了厚礼。曹诩也不负所托，向刘玄进谏，把刘秀派到了黄河北部，刘秀如愿以偿，有了用武之地。

公元23年，刘秀高高兴兴地以大司马的身份去了黄河北部州郡。刚走到半路，好朋友邓禹也追赶了上来，他对刘秀说："以我的分析，刘玄必败。你等天下乱了就站出来，你便是我们大汉的皇帝了。"

刘秀陷入了思考中，邓禹继续说："你现在就去收拢天下的英雄，然后做一些得民心的政绩，把当年汉高祖留下的好的治理方法继续实施下去，笼络民心，一定要做好充分的准备。"

刘秀点点头："的确是这样，以现在的局势还是不成熟。那我们就等成熟之际，一举得天下。"

刘秀过了黄河，正赶上邯郸起义，西汉赵缪王的儿子刘林正在拥戴一个叫王郎的人称帝，西汉的另一个宗室刘接也跟着响应。

这使刘秀的处境颇为艰难，他有些犹豫，甚至想逃离河北。此时，上谷、渔阳两郡对刘秀表示了支持。上谷太守耿况的儿子耿弇在当地的势力不小，而且一身豪气，他当着刘秀的面就说："上谷、渔阳的骑兵很有实力，大约有万骑，如果我们两个郡的骑兵全上，那小小的邯郸根本不足挂齿。"

"是吗？"刘秀很高兴，指着耿弇说，"你呀！就是将来河北的主人！"

不久，更始帝听到了王郎起义的消息，派尚书令谢躬和真定王刘杨来协助刘秀平叛，他们以很快的速度杀了王郎，平了叛乱。而且，刘秀也趁此机会与刘杨搞好了关系，他隆重地迎娶了刘杨的外甥女郭圣通。

刘秀可谓一箭双雕，不仅除掉了王郎，而且自己的实力也越来越强大。此时，刘玄才反应过来，他开始后悔了。

于是，刘玄派使臣过黄河去宣旨，与使者一起的还有刘玄的心腹苗曾、韦顺等。他封刘秀为萧王，立刻交出兵马，跟随使者回长安领受封赏。

刘秀当然知道这是什么意思，他回使者说："现在河北虽然除了王郎，但局势未稳，臣现在不能交出兵马，也回不了长安。"

然后，他派人斩杀了谢躬等人。使者快马加鞭地回长安报告："刘秀反了！"

随后，刘秀除去了河北最大的一支起义军"铜马军"，收编十多万人，百姓们给刘秀送了一个称号——铜马帝。

公元 25 年，刘秀在众人的拥戴下登基，国号为"汉"，也就是东汉。经过长达十二年的统一战争，刘秀陆续消灭河北、关东、陇右、西蜀等地的割据势力，结束农民战争、军阀混战与地方割据的局面。

平乱后，刘秀励精图治。政治上，改革官制，整饬吏治，精简结构；经济上，休养生息，度田查户，发展经济；文化上，大兴儒学、推崇气节，史称"光武中兴"。

历史的角落

刘秀是放牛娃吗

刘秀并不是普通的放牛娃，他是西汉皇族后裔，汉高祖刘邦的九世孙。西汉末年，刘秀这一支族人生活在南阳，一代不如一代，到了刘秀时完全成了布衣平民。因为刘秀兄弟和南阳宗室子弟在南阳郡的舂陵乡起兵，初期刘秀都是骑在牛背上上阵的，所以后世人们称刘秀为"牛背上的开国皇帝"。

⚬ 赤眉帝刘盆子 ⚬

刘盆子是当时的泰山郡式县人，是西汉远支皇族，父亲在王莽篡位后被杀，他有刘恭和刘茂两个哥哥。

公元 18 年，樊崇在莒县起义，这个起义搞得轰轰烈烈，他一路转战，招兵买马，短短一年时间就已经发展到了一万多人。

他们的战绩也很了不起，分兵几路从莒县到姑幕县，与王莽军队激战数次，杀了王莽一万多人后转战到了青州。

王莽意识到了起义的严重性，派更始将军廉丹、太师王匡出战，樊崇当然不会害怕，带着自己的大军英勇迎战。不过，因为人数众多，当时又没有统一的服装，樊崇怕大家分不清敌我，便把自己军队兵士的眉毛染成了红色，从此这个队伍也有了名号——赤眉军。

赤眉军愈战愈勇，大破廉丹、王匡的部队，杀了他们一万多人，一路直追到了临县。他们在临县会战，廉丹战死了，王匡落荒而逃。

就这样，赤眉军继续追敌到洛阳，王莽军队二十多名将帅向樊崇投降。本来更始帝刘玄登基后，樊崇已经归顺大汉，但是论功行赏时引起了将领的不满，于是就分裂出来一部分，开始攻击刘玄。赤眉军的气势不可小觑，哪怕分兵了，气势仍在，他们与刘玄部队几次会战，屡战屡胜。

赤眉军经过式县时，把刘盆子及其两个哥哥刘恭、刘茂抢到了军营。刘盆子当时不太起眼，但他的哥哥刘恭、刘茂却很有名。刘恭从小学习《尚书》，樊崇归顺刘玄时，刘恭跟着投降，被封为式侯，封地是式县。刘盆子和刘茂在军中的职位并不高，他们归右校卒吏刘侠卿管理，负责割草喂牛的工作，大家称他们为"牛吏"。

刘盆子做"牛吏"如鱼得水，他对每头牛的习性都了如指掌，每次放牛都要割许多草，放在牛背上驮回军营。他放的牛甚懂人语，总是令行禁止，不随便啃吃庄稼。大家常看到他倒着骑在一头牛的背上，一边看着自己的牛群一边唱歌。

公元 25 年，赤眉军连连获胜，军队人数达到三十多万。刘玄开始慌了，他对樊崇表示："朕可以让位，你与起义军商议下，看看能不能选出另一位汉室宗亲为帝。"

樊崇点点头，回答说："现在起义军已经逼近长安，看来立帝的事情需要提上日程了。"

樊崇和众大臣一起商议，大家列了七十多个候选人。

这时，有人出主意说："我听说，古时候，天子亲自领兵，称为上将军。"于是，大家就安排选天子的步骤，他们先在一个木片上写了"上将军"，另外的木片为空白，然后把木片装到盒子中，开始了选皇帝的仪式。

这天，三老、从事都站在祭坛下，这个祭坛是专门为选帝搭的，用来祭祀城阳景王。刘盆子等人站在正中，按年龄大小依次去摸取木片。

别人抽到的都是空札，木片上什么也没有，刘盆子最后抽，这个写着"上将军"的木片落到了刘盆子手中。就这样，刘盆子登基为帝，改年号为建世。

这应该是历史上最传奇的皇帝了，一个十五岁的放牛娃，稀里糊涂地就当了皇帝。他诚惶诚恐，看到大家都在跪拜，吓得直往后躲。

哥哥刘茂对他说："把木片藏好了，别慌。"

没想到刘盆子一下咬断了木片，急匆匆地跑回到刘侠卿身边。刘侠卿特意做了新衣，换掉了刘盆子破旧的衣服，替他擦着汗说："没关系，你可以。"

刘茂对大家说："陛下还需要一定时间适应，请各位大人各司其职。徐宣为故县狱吏，能通易经，推为丞相，樊崇为御史大夫。逄安为左大司马，谢禄为右大司马，杨音以下都为列卿。"

刘盆子登基后不久，刘玄也向义军投降了。樊崇高兴地宴请有功将士，刘盆子安安静静地在长乐宫待着。突然，外面传来消息："赤眉军有兵士反了！"

这支反了的队伍一路烧杀抢掠，他们甚至去了皇宫，杀了一百多人，刘盆子这时正在长乐宫中，吓得哇哇大哭。

刘恭赶紧来到长乐宫，对刘盆子说："外面樊崇的起义军乱了，你快快让位，咱们或许还能保命。"

刘盆子吓得直点头。

公元 26 年正月，刘恭把大家召集起来说："你们一起把我的兄弟推上了帝位，现在还没一年就乱了，你们干脆就废了我的弟弟，把他贬为庶人，再请有本事的人当皇帝吧。"

刘盆子也磕头说："请大家可怜可怜我吧，我不想担这个责任，我要禅位。"说完，他又哇哇大哭起来。

樊崇等人看着刘盆子，起了怜悯之心，纷纷表示："臣并不是要要挟陛下，从今天开始，我们再也不敢放肆了。"

刘盆子听了这话，哭着喊着说："不行！不行！"但大臣们并不在意他喊什么，将军马上撤了兵，大臣也安分了很多，大家都说："皇上圣明！"逃难在外的百姓们都纷纷回了长安。

刘秀称帝后，他的军队与赤眉军决战于华阴县，赤眉军大败。樊崇和刘盆子投降后被解送到洛阳。刘秀一直厚待刘盆子，直到他去世。

历史的角落

赤眉军最初的领导人是一位母亲

吕母，其实是赤眉军的第一位领袖。她家有良田百亩，儿子还在县衙当差，可以说是富甲一方。但是，她的儿子一不小心得罪了县令，被县令杀死了。吕母为了给儿子报仇，变卖家产开了一家小店，主要卖酒来购买武器。因为小店常常免费送酒给一些青年人，吕母结交了不少好武人士。她对大家说："我开这店不为别的，就想让大家为我儿子报仇！"吕母一呼百应，大家尊她为"将军"，攻进县衙，杀了县令。这支队伍就是赤眉军的雏形。

硬脖子县令

雒阳是东汉的京城，董宣就是天子脚下的县令，他因办事不畏权贵被称为"强项令（硬脖子县令）"。

董宣经常对县衙的人说："无论在哪儿，我都是父母官，在雒阳，我就是京城的父母官，把京城治理好是我的责任，别说达官显贵，就是皇亲国戚犯了法，在我这里也要秉公办事，不能徇私！"

这天，董宣收到了一纸诉状，状告的是湖阳公主府上的一个家奴。这个家奴在光天化日之下，强抢别人的珠宝，不仅如此，他还杀了拦住

他的人。

董宣认真读了诉状，立刻传令："来人，去把这个人抓来。天子脚下，当街杀人，这得多大的胆子！"

堂下的捕头看了看生气的县令，并没有接令，面面相觑。

师爷赶紧压低声音劝董宣："老爷，您没看状子上写的是谁杀了人吗？那可是湖阳公主的家奴呀！老爷，我们是没有权力进公主府的，这人怎么拿？再说了，就算我们进了公主府，这人谁又敢拿？"

董宣皱着眉头问师爷："那依师爷看，我们应该怎么做？"

师爷再次压低了声音说："这事儿，就当没看见，不要再追究！"

董宣一拍桌子，大声说："什么！有人在我管辖的地方杀了人，我不去追究，算什么一方的父母官！自古就有'王子犯法，与庶民同罪'，她湖阳公主也是人，我为什么就不能抓她的奴仆！"

第二天，董宣一大早就带着捕头去了湖阳公主那里，他对师爷说："我大不了不做这个县令了，也不能这么放了杀人犯。"

俗话说："宰相门前七品官。"湖阳公主的家奴搬了个椅子堵在门口，张牙舞爪地对董宣说："这里是公主府，你一个小小的县令，多大的胆子敢来这儿拿人！"

董宣不慌不忙地也让人搬来一把椅子坐在公主府门前，说："我是来拿杀人犯的，既然公主府不交出杀人犯，那我就坐在这里等。"

董宣在这里一连待了几天，湖阳公主气急败坏地说："这天天堵我门，气死我了，我的脸都让他给丢尽了！"但因为自小娇惯着长大，从来没有向谁低过头，她吩咐奴仆说，"来人，跟我走，我倒要看看，他能把我怎么样！"

于是，她带着一大批家奴来到府门口，对着门口的捕头说："让开，我要出去！"捕头们让开一条路，董县令站起来施了礼，但并没有让路的打算。这时，公主的马车来了，而赶车的正是那个杀了人的家奴，他得意地扬着鞭子，对着董宣轻蔑地笑着。

董宣命人拦住马车，大声数说公主的过失，并呵斥家奴下车，接着便把那个家奴给打死了。

湖阳公主顿时看傻眼了，她没想到这个小小的县令竟然在自己面前执法。

"来人！赶车，快，我要进宫见陛下！"湖阳公主大喊，马上又换上了一个家奴，驾着马车咕噜咕噜地向皇宫驶去。

一见到刘秀，湖阳公主就大哭起来，她根本没有说家奴杀人的事，只是一味地说："陛下啊！我的好弟弟，姐姐被董宣那个小县令欺负了呀！他带着人杀了我的家奴，劫了我的马车。"

光武帝气得拍着桌子说："这还了得！董宣一个小小的县令，怎么这么大官威！来人，把董宣给我带来！"

董宣进宫后，连忙跪下说："陛下，臣有话要说，等臣说完，您再下令打死臣也不迟。"

光武帝怒气冲冲地质问他："你连朕的姐姐都敢欺负，还有什么话可说？"

董宣沉下心轻声说："陛下因德行圣明而中兴复国，却放纵家奴杀害百姓，又打算用什么治理天下呢？臣不需要杖击，请允许我自尽。"

话刚说完，光武帝还没有回答，董宣已经一头撞在身边的柱子上，血流满面。刘秀赶紧让人扶起他。

光武帝命令太监挟着董宣，想让董宣给公主磕头，赔个不是，这事就过去了。但董宣像没听到一样，挺直了脖子，哪怕侍卫伸手去按，董宣也不磕头。

看着面前执拗的湖阳公主和董宣，光武帝也没有办法，他便给董宣找了个台阶下，吩咐说："来人，把这个硬脖子给朕轰出去！"

董宣被侍卫带了出来，侍卫悄悄地说："董大人，您快走吧，皇上这是给您台阶下呢！"董宣点点头，谢过侍卫后，回到自己的县衙。

光武帝严肃地对湖阳公主说："皇姐，我现在是皇帝，要以江山为重，也请您以后为江山社稷着想，管束好自己的手下，不要再做那种违法的事了！"说完回了内宫。

第二天上朝，刘秀宣旨："董宣为人正直，一心为国，赏钱三十万。"

董宣得了钱后，自己一分没拿，全部分给了一起去抓人的捕头们。

从这以后，雒阳城里安定了不少，达官贵人也都有所收敛，不过，董宣也得了一个外号——硬脖子县令。

历史的角落

东汉为什么定都洛阳

首先，当时的洛阳交通发达，是出了名的富庶之地，洛阳的地理位置靠近西域，等于有天子守边，方便指挥与匈奴等游牧民族对抗。其次，当时的长安经过多次战争，建筑大多损毁，所以选择建筑保存较为完整的洛阳会更方便。不过，汉光武帝刘秀建立东汉后，以汉属火德，忌水，所以定都洛阳后就把"洛"改成了"雒"。

马革裹尸的故事

马援是战国名将马服君赵奢的后代，他们家族的本姓是马服氏，后来简化为马。他的曾祖父马通是西汉大臣。

马援年轻时，因家庭贫困，辞别哥哥马况，准备到边郡一带种田放牧。马况说："你是大器晚成的人，能工巧匠都不会把未雕琢的玉石拿给人看。权且按照你自己的意愿，想干什么就干什么吧！"于是马援到北地种田放牧。

他的名声很快在当地传开，有一些人慕名而来依附在他身边，他手下的人渐渐多起来，不久就已经有了几百户人家。虽然他带着这些人在北地郡放牧，但心中的志向丝毫未减，他常常说："大丈夫的志向，穷困的时候应当更坚定，年老的时候应当更雄壮。"

马援就是这样做的，他虽然种田放牧，但他的耕种畜牧方式也不是一成不变。他因地制宜，研究出很多好的方法，马、牛、羊的数量大大增加，地里的产出也在逐年增长，取得了极大的收获。

大家看到马援的成果，赞叹道："您现在可以说是富甲一方啦！"

马援摆摆手，感叹道："这些从农、牧、商中赚取的财富，重要的是把它们用出去，去帮人、救人，否则那不就是守财奴嘛！"

果然，他把自己这些年获得的所有财产都分给了兄弟、朋友以及投奔自己而来的人，自己仍然过着极简朴的生活。

新朝末年，马援得知隗嚣礼贤下士，就去投奔他。之后刘秀建立了东汉，马援主动投奔了刘秀，刘秀对马援赞赏有加，马援也不负所托，为东汉王朝立下了汗马功劳。

东汉建立后，马援仍领兵征战，西破陇羌，南征交趾，北击乌桓，威名远震，刘秀亲自封他为伏波将军。

当年，马援打了胜仗回到雒阳，亲朋好友都来向马援表示祝贺："马将军真的很厉害，现在又得了亲封，真是了不起呀！"

人群中的谋士孟冀也走上前来，和在座的朋友一起祝贺马援。

马援本来笑着答话，听到孟冀说话，突然皱起眉头："我以为先生能说些指教我的话，但是怎么也这样随波逐流地恭维呢？这种恭维我不想从先生嘴里听到！"

孟冀听了马援的话觉得尴尬极了，愣在那里，不知道说什么。

马援接着说："当年，武帝的伏波将军路博德十分威猛，打了无数场胜仗，为汉朝开辟七郡疆土，得到的封地也只有几百户。我的功劳哪里比得上路将军，现在得皇上厚爱，封我做了伏波将军，给了我三千户封地，这么大的封赏，我该如何应对？此时我是需要先生对我指点的。"

孟冀看着马援，认真地听着，却不知道说什么。

马援继续说："看一看当今的局势，匈奴和乌桓还未平定，我现在打算请战，去作个先锋，好男儿应该战死沙场，宁可在边疆死于荒野之

中，也不能在这里躺着享受封赏。战死边疆也不需要棺材敛尸，就用马的皮革裹着尸体回来就好。躺在床上，死在儿女身边，枉费了一生。"

孟冀听到这儿非常感动，众人也被马援深深地感动，孟冀真诚地说："马将军，确实是应当那样啊，您真不愧是大丈夫！"

马援的确没有说空话，他只在洛阳待了一个多月，就主动请缨去迎战匈奴和乌桓，守卫北疆去了。

公元49年，马援再次主动领兵去平五溪蛮叛乱，他当时已经六十二岁了。时值酷暑，许多士兵因染上病疫而死，马援也死在那场瘟疫中。

历史的角落

历史上更改姓氏的原因

一是因为避讳而改姓，一般是为了避开皇帝的名字，比如刘庄时期曾将"庄"姓改为"闫"。二是为了避祸而改姓，比如明太祖朱元璋后代的一支，在清初为了避免杀身之祸，不得不改为"李"姓。三是因避免不良联想而改姓的读音。比如，"佘"与"蛇"同音，在湖北某地方言中，"蛇"属于禁忌词，所以在当地"佘"姓读为"喜"。

～ 明理达义的马皇后 ～

伏波将军马援在外征战死在沙场，妻子蔺夫人过于悲痛也离开了人世，家中诸事由马援的小女儿承担起来。

　　这个小女儿当时只有十岁，没有名字，世人称她为"马氏"。因父母早逝，她也只好承担起料理家事、管教仆人的责任。虽然年纪小，但她做起事来井井有条，令人惊叹。

　　当年，蔺夫人因为小女儿体弱多病，就找人占卜，那时占卜的人就说："这女子将来必是大富大贵之人。"问其原因，占卜人不说。蔺夫人又找人来给小女儿看相，看相的人说："呀！将来我要对这个女人称臣。不过，虽然她未来尊贵，她的子女却福薄，如果好好养别人的孩子，比养自己的孩子还要强。"

　　蔺夫人曾经对马氏说过占卜的事，但看看眼前的光景，哪有什么富

贵。其实马氏与窦家早有婚约，但因为马援被窦家人陷害，蔺夫人生前已经与窦家解除了婚约。

马氏的堂兄在马援死后上书皇上，请皇上恩准马援的女儿备选王妃，经过一轮筛选，十三岁的马氏入选太子宫。

最初，马氏侍奉在皇后阴丽华身边，对嫔妃也周到，而且她对人友善，礼法周全，上上下下都很喜欢她。太子刘庄对她更是重视，也多次跟皇后提过喜欢马氏。

公元 57 年，光武帝刘秀驾崩，太子刘庄即位，史称"汉明帝"，马氏被立为贵人。

当时，同在宫中的贾氏很顺利地生了个儿子，汉明帝给他取名为刘炟。马贵人看着这个可爱的孩子，自己感到有些凄凉，坐在房间发呆。

汉明帝当时对马氏极为宠爱，他看到马氏没有儿子，就干脆把刘炟带到了马氏这里说："孩子不在于是谁生的，而在于谁养，你喜欢儿子不一定要自己生，重要的是看你能不能精心地养。"

马氏接过孩子后紧紧地抱在怀里说："臣妾一定好好养。"

她是这么说的，也是这么做的。她对刘炟精心抚育，还要刘炟也是天性孝顺淳良。母慈子孝，两人一点隔阂都没有。

公元 60 年，马氏突然做了一个梦，梦到无数只小飞虫飞到她身边，钻进了她的皮肤，不一会儿，小飞虫又飞了出来。几天后，她就被册封为皇后。

马氏成为皇后之后，比以前更加谦逊了。众妃和公主初一和十五都要向皇后请安。有一次，她们远远看到马皇后袍衣粗疏，都以为是精细的丝绸，等走近了发现确实是粗糙的织物。马皇后说："这种织品特别适宜染色，穿着也舒服，因此才穿用。"嫔妃们听了，无不叹服马皇后的简朴。

马皇后对汉明帝也很关心，事无巨细。当时，汉明帝经常出宫，马皇后常常会提醒汉明帝注意天气变化，注意增减衣服，汉明帝对皇后的嘱咐也一一遵守。

公元 72 年，汉明帝准备给皇子分封土地。他在地图上划封地，分给皇子的封地只有其他诸侯王的一半大小。

马皇后看到后，对汉明帝说："您只分给皇子们这么几个县，从制度上来说是不是有些少了？"

汉明帝有些生气地问她是否有意见。马皇后才笑着说："我是故意

这么问的。陛下圣明，封地过广容易引起骄奢之风，对他们没好处。"

汉明帝也笑着说："朕的儿子怎么能与先帝的儿子分封相等呢？他们每年得到两千万供应就够用了。"

当时，楚王刘英的案子牵连不断，囚犯们互相指证，监狱中捉拿的人越来越多。马皇后看在眼中，急在心里，她便向汉明帝提起了自己的想法。经过提醒，汉明帝也有所感悟，采纳了马皇后的建议，赦免了一些人的罪过。

马皇后常常与汉明帝讨论政事，对汉明帝的决策多有辅助补益，而不曾以自家私事求汉明帝，因此汉明帝对她的宠爱和尊敬也是越来越深。

公元 75 年，汉明帝去世，汉章帝刘炟即位，马皇后被尊为皇太后。

历史的角落

刘秀的原配却不是东汉的第一任皇后

刘秀与阴丽华成婚三个月，就被更始帝派去河北。为了稳定局势，他迎娶了在河北势力强大的真定王的外甥女——郭圣通。因此，刘秀的势力日益强大。更始三年，他改年号为建武，在河北称帝。刘秀称帝后接来阴丽华，想立她为皇后，而阴丽华知道郭圣通背后强大的力量，便以郭圣通已经有了儿子为由让出了后位。刘秀感动不已，称"娶妻当娶阴丽华"，江山稳固之后，他第一时间就废了郭圣通，立阴丽华为后。

❧ 轰轰烈烈的黄巾起义 ❧

东汉末年，朝廷动荡不安，外戚专政，宦官专权，对西羌十多年的战争花了太多的钱，再加上土地兼并现象严重，已经到了民不聊生的境地。

公元 183 年，创立太平道的张角带着自己的信徒约定起义，他们打着"苍天已死，黄天当立，岁在甲子，天下大吉"的口号起兵，口号中的"苍天"就是指东汉，"黄天"指的就是张角的太平道，公元 184 年就是甲子年，整个口号的意思是现在东汉已经到了危急的时刻，该轮到太平道来统治国家了，这个时间即将到来，这样天下就会太平下来。

张角对信徒说："根据'五德终始说'，大汉为火，火生土，土就是黄色，土终究会代替火。那我们就头绑黄巾为记号，举义灭汉。"

张角找人在京城官署及各州、郡府衙的大门上都写上"甲子"，然后让京师的内应马元义到荆州、扬州召集了几万人到邺城，又给雒阳方面已经约好的宦官封谞、徐奉送信，让他们里应外合。现在是万事俱备，只欠东风。

但是，临近起义日期时，张角方面却出了问题，一个叫唐周的门徒向朝廷告了密，马元义被供出，车裂而死，官府下令追捕张角，同时也开始加大力度搜捕太平道的信徒，短短几天杀了一千多人。

张角见情况不妙，不能再等了，就自称"天公将军"，提前一个月宣布起义，他的弟弟张宝、张梁分别自称"地公将军""人公将军"，在北方冀州一带响应。因为起义军头绑着黄巾，史称"黄巾"起义，而汉朝廷管他们叫"黄巾贼"。

起义军士气高涨，一路烧府衙、杀官吏，四处抢劫、掠杀，短短一个月，全国七州二十八郡纷纷掀起了战争，京师震动。

汉灵帝刘宏如坐针毡，急匆匆地任命何进为大将军，率领羽林军及五营将士在都亭镇守京师，又在函谷关、太谷关等八个入京的关卡上设都尉驻防，同时还命令未失守的州郡做好战争的准备，刘宏深切地感觉到大汉的生死存亡就在当下了。

汉灵帝时，一些士大夫、贵族不满宦官乱政，与宦官发生了党争，最后宦官把他们禁锢起来，称他们为"党人"。此时，皇甫嵩上书请求皇上解除党锢，同时把皇宫的钱财、良马也都贡献出来，发给军士，用于提高士气。灵帝询问吕强的意见，吕强说："对党人的禁令已经够久了，人心怨恨愤怒，若不予以赦免，他们可能会与张角联合起来，叛乱的势力便会更加扩大。到那时，后悔就来不及了。

汉灵帝思前想后，还是接纳了吕强的提议，大赦党人，让他们恢复自由，还征调全国各地精兵，广纳豪杰。

汉军首战不利，张角起义军不到三个月的时间，就围住了汉军的主要兵力，皇甫嵩被困，汉灵帝马上派曹操率军营救。

其实，此时皇甫嵩已经有了解困的办法。这天晚上，忽然大风四起，皇甫嵩马上派士兵拿着火把悄悄出城，放火点燃了黄巾军军营周边的野草，大火被风一吹，越烧越大。就在张角手足无措之时，皇甫嵩又趁着火势擂起了战鼓，冲出城去，黄巾军自乱阵脚，四处乱逃。

此时，曹操的援军正好赶到，再加上朱儁的队伍，三面夹击黄巾军，这次汉军大获全胜。

之后的战役中，黄巾军连连败退，最终被汉军降服。不过，这次起义加速了汉王朝的灭亡，拉开了三国时代的序幕。

历史的角落

"五德"是什么

古代阴阳家把金、木、水、火、土五行称为五德，认为历代王朝各代表一德，按照五行相克或相生的顺序交互更替。"五德终始说"在汉朝漫长的时间里经历了三个阶段才发展成比较完备的学说。

❦ 残暴不仁的董卓 ❦

董卓成长在凉州一个地主豪强家里，他从小就喜欢骑射，练就了一身武艺。董卓表面上性格豪放，为人粗糙，实际上极有心计，为了笼络人心，扩张自己的势力，他四处用钱交朋友，受到当地人的尊敬。

　　董卓跟羌族人的关系很好。有一次，羌族的几个首领来家里做客，董卓非常高兴，杀了自己家的耕牛来招待，获得了羌族人极大的信任。

　　董卓看似对谁都很好，其实非常霸道，凭着自己的一身武艺，常常与人争胜，手段极其凶残。当董卓觉得某个人不太合他心意的时候，他就一定会把对方置于死地，羌族不少人都知道。所以他们在享受董卓礼遇的同时，又很怕他，这也正是他们依附于董卓的原因。

　　董卓获得了羌族人的支持，他的势力越来越大，名声也越来越响亮。当地官府深知董卓的势力变大了，为了防止出现什么意外，就让他做了凉州的兵马掾，管理一方的治安。虽然这个官职并不高，但也正是这个小小的官职，开启了董卓的政治生涯，后来，他逐渐做到了朝廷的羽林郎。

　　当时，朝廷与西部羌族的矛盾越来越深，已经发生了三次大规模的争斗，所以让董卓来当中郎将张奂的军司马，其实也是为了利用董卓来制衡羌族。

　　董卓深深明白这一点，他也抓住了这次机会，用羌族人的血为自己铺路。随着镇压行动的胜利，董卓的功绩一次次提高，官也越做越大了。从小小的兵马掾，一步步做到了河东郡太守。

　　黄巾起义爆发后，董卓也应诏去追捕张角。当时，恰好将军卢植被张角打败了，汉军步步败退，汉灵帝听说董卓镇压羌族有功，便命董卓为东中郎将，率领凉州军队代替卢植去追捕张角。

　　董卓心里明白，当初对付羌族人靠的是一套残忍的手段，因为他的威名已经在羌族传开，所以能很顺利地降服，但是现在收服张角可不是什么容易的事。不过，他转念一想：假如我在这次战役中立下战功，那岂不是就可以与皇甫嵩那些朝廷重臣平起平坐了。想到这儿，他心里不由得高兴起来。

　　但是，董卓还是高兴早了。张角的起义军可不是羌族那些松散的百姓武装，这支军队不好对付。董卓率主力北上攻打张宝据守的下曲阳县，围了两个多月也攻不克，汉灵帝于是罢了董卓的官。

这次罢免一下又把董卓打回了原形，但是他也没有放弃任何一次东山再起的机会，而且给他创造这次机会的又是羌族。由于凉州发生叛乱，汉灵帝再次派董卓镇压西羌，董卓又立下战功。

此后，汉灵帝死了，宦官和外戚发生了争斗，洛阳城火光四起，陷入一片混乱中。董卓抓住机会救下了少年皇帝，从而取得了皇帝的信任，掌握了权力。

当时，董卓的亲信李肃建议说："您要想独揽大权，就先要笼络主将，丁原那里有一名叫吕布的部将，勇猛非常，如果能把他拉到我们这里来，你就能成功了。"

董卓点点头。李肃说："吕布能以一敌万，但有一个缺点，他特别爱财。我们可以用金银珠宝来拉拢他，而且大人您的赤兔马世间少有，如果送给他，估计他就能投靠我们啦。"

吕布见到珠宝后十分高兴，特别是这匹赤兔马，吕布简直是爱不释手。为了表达自己的忠心，吕布就杀了丁原，这样，董卓掌握了洛阳城的全部兵权。

此后的董卓变得越来越残暴，逼迫何太后废掉少帝刘辩，拥好利用的九岁的刘协登基。这位少年皇帝成了董卓等人的傀儡。几天后，何太后在后宫又哭又骂，骂董卓是"恶贼"，毁掉了大汉，董卓听后直接给何太后灌了毒药。

董卓随即出任相国，专断朝政。不久，他受到袁绍组织的关东联军讨伐，退守长安。公元192年，司徒王允施展反间计，让吕布杀死了董卓。

历史的角落

赤兔马的"兔"是什么意思

赤兔马一直是好马的代表，可日行千里。古时，人们相马时先要看的就是马的头部，马的头部是其品种、品质、体能、齿口最明显的外部表现。古人依据马的头部形状，将马分为直头、兔头、凹头、楔头、半兔头等几种。因此，一种说法认为，赤兔马的"兔"是指马的头形。在古代，兔形的头是好马的重要外在标准，得到兔头的好马不是一件容易的事。

另一种说法认为，"赤兔马"之所以叫"赤兔"，与古人把兔当成快速的象征有关。猎豹和狮子等动物在古代很少见，所以人们常能看到的跑得最快的动物大多是兔子。

初出茅庐的刘备

东汉末年，天下大乱，经过纷乱的斗争之后，天下大势已经渐渐明晰，分为三支势力，其中最弱的一支就是刘备。

刘备是汉景帝的儿子中山靖王的后裔，他的爷爷曾经是东郡范令，但父亲很早就去世了，只留下刘备和母亲相依为命。他们的日子过得十分清苦，以织席子卖草鞋为生。

与刘备一起学习的有一个辽西人叫公孙瓒，他与刘备的关系很好，刘备把公孙瓒当作兄长。

其实，刘备对读书并不上心，他最喜欢玩乐和漂亮衣服。刘备的长相奇特：他个子很高，耳垂很大，两手放下后可以摸到自己的膝盖，所以很多人觉得刘备一定不是普通人。刘备不太爱说话，对下人总是和颜悦色，也喜欢交朋友，当时一些豪侠都愿意依附在刘备身边。中山大商张世平、苏双等人带着千金到涿州来贩马，他们慕名而来送上重金，解了刘备的燃眉之急。刘备在两位富商的资助下，集结了很多人，组建了自己的队伍。

之后，刘备在镇压黄巾起义中立下战功，又镇压了张纯叛乱，因为这些军功，被封为安喜县县尉。安喜县所在郡的督邮因公事来到安喜县，刘备去求见，但遭到督邮的拒绝。刘备把督邮捆绑起来，一连打了二百杖，然后弃官而去。

他们正四处躲藏的时候，恰好遇到了大将军何进招兵买马，刘备等人主动报了名，他在军中也很英勇，在下邳拿下盗贼立下战功，被任命为下密县的县丞，但这个官职对他来说并没有多大吸引力，不久便辞官了。

没过多久，刘备投靠早年的兄长公孙瓒。公元 191 年，他与青州刺名田楷一起对抗袁绍，立下很多战功，被封为平原国相。

刘备在外英勇奋战，名号越来越响，朝野上下都知道他的战功。而且他乐善好施，平易近人，常常与百姓同吃同坐，普通百姓对他很信任。

历史的角落

真的有桃园结义吗

刘、关、张桃园三结义的故事出自罗贯中的小说《三国演义》。在这个故事中，刘、关、张三个人按年岁认了兄弟。刘备年长做了大哥，关羽第二，张飞最小做了弟弟。而据研究，关羽要比刘备大一岁，如果按年岁，应该是关羽做大哥，刘备做二弟，张飞做三弟。所以，他们三个只是"恩若兄弟"的君臣关系，并不是结义兄弟。

❧ 煮酒论英雄 ❧

刘备与曹操联合进攻吕布，在曹操杀死吕布以后，刘备跟随曹操回到许都，被封为左将军，献帝还称刘备为皇叔。

曹操对刘备虽然尊重，但是也充满了顾虑，有意要考验一下他。

为防曹操谋害，刘备就在住处的后院种菜，亲自浇灌，韬光养晦。

这天，关羽、张飞不在，刘备正在后院浇自己的小菜园，曹操的手下许褚、张辽带着十几个人来了，进了菜园就说："我们是奉了丞相的命令，请您与我们去一趟丞相府吧！"

刘备吃了一惊，之前他并没有得罪过曹操，也无太多来往，忙问："有什么要紧的事吗？"

许褚说："我们也不知道，只是让我们来请！"

关羽、张飞不在，刘备心里没有底气，但也没有办法，只好跟许褚他们一起去了曹府。

刚进门，曹操就笑着迎出来说："我听说你在家里做大事呢？"刘备吓得面如土色，愣在那里，难道自己的谋划已经被曹操知道了？这时，曹操拉着刘备走到后园继续说："你学习园艺实在是不容易呀！看到园子这青青的梅子，让我想起一件事来。"

原来是说打理菜园，刘备这才舒了口气，应和着说："丞相想起什么来了？"

曹操说："那年我去征讨张绣时，路上将士们没有水喝，嗓子都快冒烟了，我就想出一个计策，对将士们说，'前面有个梅林'，将士们嘴里生出唾液，这才不渴了，继续赶路。"说完，曹操大笑起来。

这时，手下的人已经把小炉子端到了后园的亭子中，曹操对刘备说："现在这梅子正好欣赏，所以把你请来，咱们一起煮酒，开怀畅饮怎么样？"

刘备点点头，两人推杯换盏，边喝边聊。喝酒到半醉的时候，天空中忽然乌云滚滚，看样子大雨就要来了。曹操看到天空中有龙形的云，就指着问："你知道龙的变化吗？"

"请丞相指教。"刘备回答说。

曹操说："龙能大能小，能现能隐。它变大时能吞云吐雾，变小时又找不到踪影；它出现时可以飞腾到宇宙之间，隐身时就藏在波涛之中。现在春深，龙趁着大好时间变化就可以纵横四海呀！"曹操喝了一口酒，继续说，"现在这世间的英雄就好像这龙，你常年在外游历，肯定知道现在这世间有谁能称得上英雄，请你说说看？"

刘备拱手说："我哪有丞相的慧眼能识得英雄啊！"

曹操摇摇头说："你呀，太谦虚啦！"

"我能得到陛下的恩宠和庇护才有了现在的官职，是真的不知道谁是英雄啊！"刘备说。

曹操说："那即使没见过英雄，也该听说过谁是英雄吧？"

刘备知道必须得说出点什么曹操才会罢休，于是说："淮南的袁术兵强马壮，粮草充足，可以算得上英雄吗？"

曹操笑着说："当然不算，袁术就好像是坟墓里的枯骨，我早晚会抓住他。"

刘备继续说："那河北的袁绍呢？他家族连续四代做到三公，现在军队盘踞在冀州，部下有很多能人，可以算得上英雄了吧？"

曹操大笑说："袁绍呀，这个人色厉胆薄，空有好计谋却没有决断，遇到大事畏首畏尾，看见小利就拼命想占，这算什么英雄！"

刘备又说:"有个威镇九州,人称八俊的刘景升怎么样?"

"刘表呀!他那是徒有虚名,有名无实,不算英雄!"

"那江东领袖孙伯符呢?"

"孙策那是借着他父亲的威名才做了领袖,更不是英雄。"曹操一脸不屑。

刘备继续说:"益州刘季玉呢?"

曹操摆手:"刘璋这个人虽然是皇亲,但充其量算是个看家的狗,怎么能用英雄二字?"

"张绣、张鲁、韩遂……"刘备没说完，就被曹操的笑声打断，曹操笑着说："你呀！怎么把这些碌碌无为的人称为英雄呢？他们在我这儿什么都不是！"

刘备也笑笑说："那我就实在不知道谁是英雄了。"

曹操说："英雄，那是应该胸怀大志，腹有良谋，坐拥天下，气至宇宙的人哪！"

"那丞相觉得谁才配得上英雄的称号？"刘备问。

曹操指了指刘备，又指了指自己，说了两个字："你！我！"

刘备吓了一跳，手中的筷子都落在了地上。这时正好倾盆大雨哗哗地落下来，一声炸雷响彻天空！刘备低头捡起筷子，说："刚才这雷呀，吓了我一跳！"

曹操笑着说："你这个大丈夫竟然怕打雷？"

刘备说："就连圣人听到刮风打雷脸色都会变，我这个平凡人当然怕啦！"曹操没有继续讨论英雄的话题，不再怀疑刘备。

历史的角落

三国时期曹操有没有称帝

历史上曹操并没有称帝，人们所说的魏武帝是他的儿子曹丕称帝后追尊的。当年，曹操在孙权擒杀关羽拿下荆州后，封了孙权为骠骑将军、荆州牧。孙权马上向曹操称臣，并劝曹操取代汉朝称帝，但是曹操将孙权来书展示给群臣，并说："这是把我放在火炉上烤呀！"曹操手下群臣乘机也劝曹操称帝，曹操不想废献帝自立，告诉大家他想效仿周文王，生前依旧做汉臣。

❦ 许攸的高光时刻 ❦

许攸是东汉末年著名的谋士，年轻的时候与曹操、袁绍的关系都很好。

公元199年，袁绍打败了公孙瓒，占了冀州，随后又把青州、幽州、并州归于自己辖区，军队势力越来越大，已经拥有了十万大军。

此时，曹操的兵马只有两万多，虽然也时刻想着利用机会把袁绍除掉，但毕竟实力有限，不敢轻易下手，还是以扩充自己的军力为主。

曹操采用了迂回战术，先攻击了一直盘踞在寿春的袁术。袁术兵力有限，也没有曹操精通兵法，很快就被打散，一路仓皇逃跑投奔袁绍。

之后，曹操乘胜追击，命人在河内郡挑起事端，引起战争，最后占领河内郡。此时的曹操已经将黄河以南和淮、汉以北的大部分地区都收归己有，与处于黄河下游北部的袁绍形成了对立局面。

这时袁绍才重视起曹操来，他明白，如果自己想要登基称帝，现在最大的阻碍是曹操。也就是说，想要成就大事，就要先灭了曹操。

于是，公元200年，袁绍率领十万大军直攻曹操。袁绍兵力充足，但曹操兵法精湛，双方僵持了几个月未分胜负。袁绍后方粮草充足，可被围困的曹军就不一样了，他们的粮食只能支撑一个月时间，情况十分危急。

就在这生死存亡的时刻，袁绍手下的谋士许攸来投奔曹操了。本来，许攸建议袁绍先拿下许都，从中间打散曹操的部署，然后再抓曹操，但袁绍却不听，只想抓曹操。许攸得不到器重，而此时家里人又被袁绍的手下给抓了，于是一气之下转投了曹操。

　　曹操早就听说过许攸，听到许攸来投靠自己，光着脚跑出来，高兴地说："许子卿，你远道而来，我们的大事可以成了！"

　　许攸见曹操这么重视自己，也很高兴，进帐就问："你们还有多少粮食？"

　　曹操没敢直接回答，假装自信满满地说："还可以支持一年吧！"

　　"怎么会，没有那么多，说实话吧。"许攸说。

　　"还能支持半年。"

　　许攸摇摇头："说实话吧，你不想打败袁绍吗？"

　　此时曹操才叹了一口气说："我们的军粮顶多也就够这个月的量了。"

　　许攸给曹操出主意说："现在你可谓是孤军奋战了，援军、粮食都没有，不是到了生死存亡的关键时刻吗？如今，袁绍有粮，他的军粮都存在乌巢，但是他却没有多重视，根本没有派重兵把守，只要派些人悄悄袭击乌巢，一把火烧了粮草，用不了三天，袁绍自己就灭了。"

　　曹操听了非常高兴，马上把烧粮草的事情安排了下去，并把许攸奉为上宾。果然，烧粮计划万无一失，乌巢四处起火，袁绍大将投降，内部分裂，大军完全崩溃。曹军一鼓作气朝袁军营地进攻，斩杀袁军七万多人。袁绍眼看着兵马减少，无力反抗，也不管什么将士军队，只自己带着八百骑兵逃走了。

　　此后，袁绍一直没缓过来，不久郁郁而终。

　　借助许攸的良计，曹操以两万多人打败了袁绍的十万大军，以少胜多，取得了战争的胜利，史称"官渡之战"。

历史的角落

曹操为什么要杀许攸

在曹操占领冀州以后，许攸自恃功高，多次在大庭广众之下直呼曹操小名"曹阿瞒"，还为了炫耀自己知道得多，常常说曹操小时候的丑事，夸耀自己的功勋。而且，许攸虽然有些才华，但他的德行比较差，为人贪婪，多次触及曹操的底线，所以曹操杀了他。

刘备三顾茅庐

刘备能以自身有限的实力建立蜀汉，和得到诸葛亮的辅助有很大关系。

当刘备成为平原国相的时候，黄巾军余党管亥带着自己的队伍打到北海，北海相孔融被层层困住，情况特别危急，慌忙向刘备求救。刘备马上派了三千精兵去救援，解了孔融的危急。

此时，曹操打着为父报仇的旗号去攻打徐州，徐州牧陶谦向刘备求救，刘备又带兵去攻打曹操。曹操因为根据地失陷退回了兖州。陶谦万分感谢，举荐刘备为豫州刺史，让他在小沛驻军。同年，陶谦病死，刘备在众人的劝说下接任徐州太守之职。

不久之后，刘备败给了吕布，前往许都投奔曹操。曹操为刘备准备了兵马粮草。公元 198 年，刘备联合曹操打败了吕布，回到许都，刘备被封为左将军。次年，刘备加入董承等的集团，曹操转而攻打刘备，刘备投靠刘表。

刘备在荆州好几年，觉得自己快老了却功业未建，不免感叹。他身边并不缺少将士，但是谋臣却太少了。徐庶拜见刘备，刘备很器重他。徐庶对刘备说："诸葛孔明，是卧龙，将军是否愿意见他？"刘备说："你和他一起来吧！"徐庶说："这个人你可以到他那里去拜访，但不可以委屈他，召他上门来，将军应该亲自去拜访他。"因此，刘备就决定去拜访诸葛亮。

刘备总共去了三次隆中，才见到了诸葛亮。诸葛亮出生在琅琊郡阳都县的一个官吏之家，他自小跟叔叔诸葛玄生活，叔叔投奔刘表，后来死了，诸葛亮便到隆中隐居起来。他虽然隐居，但在荆州却很有名，与当时的名士司马徽、黄承彦等都有来往，而且著名谋臣徐庶、崔州平、庞统等人都是他的好友。

诸葛亮将当前的局势清清楚楚地给刘备做了分析。刘备问道："汉朝的统治崩溃，董卓、曹操先后专权，我想要为天下人伸张正义，然而智谋浅短、办法很少，才造成今天这个局面。然而，我的志向到现在都没有罢休，您告诉我该采取什么办法呢？"

诸葛亮回答道："现在曹操已拥有百万大军，挟持皇帝来号令诸侯，确实不能与他争强。孙权占据江东，已经历三世了，那里地势险要，民众归附，他又任用了有才能的人。可以把孙权作为外援，而不可谋取。荆州也是兵家必争之地，但是它的主人刘表却没有能力守住它。益州地势险要，有广阔肥沃的土地，是个富饶的地方，刘璋昏庸懦弱，却不知道爱惜，张鲁又在北面威胁着他。有才能的人都渴望得到贤明的君主。将军是皇室的后代，声望很高，如果能占据荆、益两州，守住险要的地方，对外联合孙权，对内革新政治，根据时局来做出变化，那么称霸的事业就可以成功，汉朝的天下就可以复兴。"刘备听后大赞，更加强烈地邀请诸葛亮出山相助，诸葛亮被刘备"三顾茅庐"的诚心所感

动，便离开隆中，与刘备一起回营。

此后，诸葛亮为刘备出谋划策，帮助刘备建立了蜀汉政权。

历史的角落

孔融真的杀了自己的母亲吗

"孔融让梨"的故事可谓家喻户晓，幼年的孔融谦让的美德令人赞叹不已。孔融长大后任北海相，却自恃才高，心气很傲，常常口无遮拦。当曹操拿下北方时，他还让曹操把兵权还给汉献帝，遭到了曹操的记恨。后来孙权使臣来时，孔融还是乱说话，直接惹怒曹操，准备给孔融定罪。此时，曹操发现了孔融之前说的一些大逆不道的话，大意是父母的生恩不重要。这些话被曹操大做文章，最后以"不孝""诽谤朝廷"等罪名处死了孔融。

火烧赤壁的主人公是谁

曹操在平定北方以后，势力越来越大，便率军二十万顺江而下，想一举统一全国。

刘备打算与孙权联合在一起，共同抵抗曹操。

刘备把军队驻扎到了樊口，他每天都派士兵到江边巡逻，眺望孙权的军队。当士兵看到周瑜的船队，马上去报告刘备，刘备赶紧派人去慰问。

周瑜对慰问的人说："我有军务在身，不能下船去拜见，如果刘备能亲自来见我，我倒可以考虑联盟的事情。"

刘备知道以大局为重，便乘着一只小船去见周瑜，说："现在一起联合抵抗曹操是明智的选择，不知道您带了多少兵士？"

周瑜回答说："三万人。"

刘备摇摇头："太少了呀！"

周瑜轻轻一笑，自信地说："这些将士已经够了，刘将军看我如何取胜吧！"

刘备与孙权正式结盟，程普和周瑜分别任左右都督。刘备带着关羽、张飞和两千人跟在周瑜军队后面。

联军逆流而上，走到赤壁，正面撞上了正在渡江的曹军。

当时，曹军内部疾疫正在流行，新编的水军和原荆州的水军难以磨合，士气明显不足，孙刘联军发动攻势，初战告捷。

曹操见水军状态特别不好，只好把水军带到江北与大军会合，把战舰靠在北岸的乌林开始操练水军，等待机会反击。

此时周瑜也不敢贸然攻打，就把战船停靠在了赤壁旁边的南岸，隔江与曹军对峙。

曹操的人马大多数是北方人，不熟悉水性，不习惯坐船，所以有人出了个主意，把船的首尾连在一起，船变得稳当了很多，人走在上面就像走在平地。

周瑜手下的黄盖说："都督，如今敌众我寡，如果就这么拖下去，那我们早晚要吃亏的。现在，曹操把战船连在了一起，那我们可以用火攻打败他们。"

周瑜点头称赞黄盖的计策，调了十艘战船，装满浇了油的枯草和干柴，外面裹上帷幕，插好旌旗，让黄盖送信给曹操说："我们知道力量悬殊，现在准备投降，请丞相收下我们。"

曹操自知兵力比周瑜多得多，信以为真，接受了周瑜的诈降。

这天，黄盖备了快艇，后面绑好装了枯草的战船，当船靠近曹操船只时，曹盖喊："点火！"十几艘战船同时起火，乘着风快速地驶向曹

军。当时东南风正急，火烈风猛，曹操的战船是连在一起的，所以他们连解开战船的时间都没有，就被烧了个精光，甚至火势还蔓延到了曹操陆地上的营寨。

一时间，火光染红了天，浓烟遮天蔽日，曹操军队死伤不计其数。

周瑜见火攻有效，马上率轻装的战士跟在后面冲杀，鼓声震天，逼得曹操从华容道步行撤退。一路上泥泞不堪，大风四起，曹操让一些老弱残兵背着草铺在路上，骑兵才勉强可以过去，而这些老弱残兵被人马踩着，陷入泥中，死了很多。

曹操在这次战争中损失惨重，这就是中国历史上著名的以少胜多的战役之一——赤壁之战。

周瑜是被诸葛亮气死的吗

周瑜并不是被诸葛亮气死的。赤壁之战后，周瑜攻取南郡，隔江跟曹仁对峙，战斗中他身中一箭，伤势严重，只能回去养伤。其间，他建议孙权囚禁刘备，二分天下，但孙权没有采纳建议，只同意了周瑜举兵攻伐益州的计划，结果周瑜返回驻地时突然去世。所谓"三气周瑜"在历史上并没有记载，因此，周瑜的死可能是伤病医治不及时导致的。

火烧连营的真相

刘备占领汉中不久，东吴袭取荆州，关羽被吴军擒获，遭到杀害。

公元220年正月，曹操病死。因曹操最喜欢的儿子曹冲已死，曹丕接任魏王。过了几个月，曹丕联合党羽里应外合，逼汉献帝把帝位让给自己，汉献帝为了保住性命，只好交出玉玺，曹丕假意推辞了几次后宣布即位。

蜀地有传言说，曹丕并没有因此饶过汉献帝，他一称帝，就害死了汉献帝。汉中王刘备作为汉室成员，为献帝举行了丧礼。许多大臣对曹丕称帝很反感，再加上刘备是汉室的后代，于是大家请他称帝。

公元221年，刘备在成都登基。历史上把他统治的这个政权称为蜀汉，称刘备为照烈帝。

刘备即位后，第一件事就是报孙权夺荆州之仇——他要亲自率军攻孙权。大家纷纷劝刘备，赵云说："国贼是曹操，不是孙权，如果您能灭了魏，那东吴不攻自破。您现在最需要做的是打曹丕！"

刘备摇摇头："孙权的势力越来越大，如果不是他，当初关羽也不会失了荆州，丢了性命。"他看了一眼诸葛亮说："您留在这里辅佐太子，我亲自率大军去讨伐！"

大家见劝不动刘备，只好硬着头皮应战。正当刘备一面准备出兵，一面通知张飞在江州与自己会师的时候，张飞的部将范强、张达为自保杀掉张飞投奔了东吴。

关羽、张飞的死对刘备的打击很大，他带军直奔东吴。蜀军的兵力强大，加上刘备是带着仇恨来的，孙权有些害怕，便派人向刘备求和。刘备拒绝了。

蜀军来势汹汹，一路打到了秭归，孙权见讲和没有用，只好派陆逊为大都督迎战。刘备急于进军时，随行官员黄权说："主公，吴人强悍善战，你看现在我们的水军顺流直下容易，后退可就难了。我愿意做先锋为主公清了道路，您在后面接应，这样比较稳妥。"

刘备摇摇头。他现在只想一路攻打，早日抓住孙权，哪里还听得进去劝说的话！没过多久，蜀军主力进军到了猇亭，与吴军大都督陆逊对峙。吴军被蜀军打急了，士气越来越高涨，士兵们叫嚣着要与刘备正面对抗。陆逊却拦住大家说："蜀军连胜，士气旺盛，而且他们在上游，占了地利，我们硬拼是不行的，等我们好好观察一下，看蜀军没了力气再打。"

吴军的部将中，有的是孙策的老将，有的是孙氏的贵族，还有的是久经沙场的将军。再加上陆逊本来就是被孙权硬提起的大都督，他们以为陆逊不出兵是因为胆小，心里很不服气。

蜀军沿路扎下了几十个大营，又用树木编成栅栏，把大营连成一片，前前后后达七百里地。

这样一对峙就是六个多月。吴军部将多次找陆逊出兵，陆逊都拒绝了。大家越来越着急，陆逊却还是不许出战。

一天，陆逊突然把部将召来，说："现在时机到了，可以出兵了！"这下把那些着急的部将给说蒙了，一个副将问："以前我们来，你还说等等，怎么突然就出兵？"

陆逊解释说："刘备刚来时士气旺盛，现在时间长了，兵士们在外扎营早已经筋疲力尽，现在是出兵的时候啦！"

于是，他先派出了一支小队去探查刘备营地的情况。小队刚刚靠近蜀营的木栅栏，蜀兵就杀了过来，而且周围几个营地的兵纷纷来支援。这支小队损失了不少兵马，灰溜溜地回来了。

部将纷纷嘀咕："这是时机到了？还这么大损失！"

陆逊告诉大家已经有了破蜀营的办法。当天晚上，他令将士们每人带着一束茅草和火种埋伏在蜀营周围。鼓打三更时，一起跑到江边蜀军的营地，扔出了点燃的茅草。

蜀军营地周围都是易燃的木栅栏，火一下子就蔓延了整个营地。这天晚上的风出奇地大，再加上营寨都是连在一起的，附近的营地也跟着起了火。大火中蜀军丝毫没有抵抗的能力。刘备在众多将士的保护下才冲出大火，逃上了马鞍山。一支庞大的蜀军，最后只剩下些残兵败将。

历史的角落

会称象的曹冲后来怎么样了

曹冲十三岁时得了一场急病，曹操遍寻良医也没有治好。最后，曹冲还是因这场病死了。

曹冲的死因还有一种说法是朝中大臣谋害。曹冲的夭折与曹操加封丞相正好一前一后，朝中大臣不满曹操，就对曹操最喜欢的儿子下手。曹冲死后，曹操派刺客刺杀了曹冲最好的朋友周不疑，也许就是这个原因。

❧ 乐不思蜀的刘阿斗 ❧

刘禅，小名阿斗。刘备临死前对刘禅很不放心，将儿子托付给诸葛亮，诸葛亮也保证尽力辅佐好刘禅。但是，刘禅继位后，是真的扶不起来。

他庸碌无能。特别是诸葛亮死后，刘禅重用放纵他玩乐的宦官黄

皓，不理政事。蜀汉渐渐没落，不久便被魏国灭了。

不过，当时的魏国也好不到哪儿去。魏王曹奂只不过是个表面的皇帝，真正掌握魏国大权的是司马昭。

司马昭灭蜀后，把刘禅全家押到了洛阳，还讽刺地给他封了一个"安乐公"。

刘禅被押到洛阳时非常害怕，司马昭的训斥令他面如死灰，以为自己马上就要被处死了。但看到司马昭又赐宅子又给钱，刘禅才放了心。

安顿好家眷，刘禅亲自到司马昭府上去谢恩，司马昭还摆设酒宴款待了刘禅。

司马昭请来了魏国的官员和刘禅带来的蜀国旧臣。宴会上，歌伎表演了魏国的歌舞，蜀国旧臣都觉得很不自在，只有刘禅乐呵呵地看着歌舞。

一舞结束，司马昭又叫人表演了蜀国的舞蹈，蜀国旧臣悲从心起，一个个泪流满面，再看刘禅，兴致勃勃，拍手叫好，毫无亡国的恨意。

司马昭看到这情形，就对近臣说："这人太无情了，就算诸葛亮没有死，辅佐这样的人，也只能落个伤心。这哪里有君主的样子！"近臣点点头，扭头看向刘禅，的确一点也不像一个君主。

司马昭问刘禅："你还想回蜀国吗？"

刘禅回答说："我在这里比在蜀国还快乐，不想！"

原蜀国的"秘书郎"郤正听到后，就对刘禅说："陛下，您刚刚对司马昭所说的话是为了迷惑他吗？要不您怎么会说出'不想蜀国'的话呀！陛下，如果司马昭再问这类话，您要哭着说'我天天想蜀国'，或许有一天他想通了，就放我们回蜀国了！"

刘禅把郤正的话背了又背。后来，司马昭果然又问他："你想回蜀国吗？"

刘禅装出一副悲苦的样子，照着郤正的话好像背书一样说了一遍。司马昭听到刘禅说得如此流利，表情却僵硬，他就知道是郤正教的，便故意问："你这话怎么跟我问郤正时郤正的回答一模一样啊？"

刘禅天真地眨眨眼说："你说得对，这就是郤正教我的呀！"

司马昭和旁边的人都忍不住哈哈大笑，而蜀国旧臣又尴尬又恨刘禅的无能。

历史的角落

"阿斗"名字的由来

据传，刘禅之母甘夫人因夜梦仰吞北斗而怀孕，所以刘禅的小名叫作"阿斗"。后人常用"阿斗"或"扶不起的阿斗"一词形容庸碌无能的人。

司马昭之心，路人皆知

司马昭，三国时魏国人，他的父亲是受曹操重用的司马懿。司马懿忠于曹氏。魏明帝曹叡死时，把幼帝曹芳托付给了他与曹爽，曹爽仗着自己的身份对司马懿百般排挤，但最终被司马懿铲除，司马氏掌握了魏国军政大权。

司马懿虽然足智多谋，总揽大权，却没有表现出篡位的野心。司马懿死后，曹芳已经成年，到了亲政的年纪，司马懿的大儿子司马师废了难以掌控的曹芳，另立了年龄更小的曹髦为帝。

司马师的权势已经大过父亲司马懿了，但天不假年，他四十八岁便死于病痛，将自己得来的一切权力给了弟弟司马昭。

司马昭大权在握后并不甘心只为人臣，一心想取代曹髦。

曹髦虽然年纪小，心里却明白：自己只是一个傀儡。司马氏的势力越来越大，一定会像除掉曹芳一样除掉自己。于是，他打算铤而走险，与心腹大臣一起先下手为强，除掉司马昭。

公元 260 年的一天，洛阳城下起了大雨。傍晚时分，闪电不停地划破洛阳城上的天空，雷声轰轰，仿佛预示着不久后的血雨腥风。

皇宫中，曹髦带着冗从仆射李昭、黄门从官焦伯等宫廷侍官下了陵云台，让士兵列队集合，又召见侍中王沈、尚书王经、散骑常侍王业，准备一起出击讨伐司马昭。

"陛下，这天降大雨，预示着出师必将不利，您收兵回宫吧！"心腹大臣还在不停地劝他。愤怒的曹髦哪里听得进话去，说道："司马昭之心，路人皆知！这对我来说就是个耻辱，我不想当傀儡皇帝，不想坐等他废黜！"

王经说："陛下，当初鲁昭公因为忍受不了季氏专权而出兵讨伐，结果不但丢了皇位，还被迫逃亡，成为天下的笑柄。司马氏专权不是一天两天了，现在朝廷上下都与司马昭一心，陛下您势单力薄，这样盲目出兵有什么好处呢？如果您就这样出了兵，恐怕不仅除不了司马昭，还会适得其反哪！"

曹髦把诏书扔在地上，高声说："住嘴！我已经下定决心了，哪怕最后战死，也不能受这种侮辱！你这是扰乱军心，出兵怎么就一定会失败呢！"

王沈、王业见王经劝不了曹髦，就悄悄对王经说："既然无法劝回陛下，那我们干脆去司马公府自首吧，要不然最后落得个灭族哪里值得？”

王经叹了一口气说：“君主担忧就是做臣子的屈辱，君主屈辱做臣子的就该去死。你们去吧，我留下来。”

王沈、王业知道劝不动王经，为了全族的安危，他们从小路跑去司马公府报信。

曹髦拿着剑，率领殿中宿卫和奴仆们呼喊着出了宫。刚走到东止车门，就碰上司马昭的弟弟司马伷率军入宫拦截，曹髦带的人呵斥他们，司马伷众人吓得掉头就跑。

看到这种情景，曹髦以为自己旗开得胜了，兵士们摇旗呐喊冲出皇城。刚冲到皇宫的南门附近，就碰到门外迎战的司马昭手下中护军贾充的军队。

曹髦挥着宝剑大喊着："我是皇帝，你们躲开！快躲开！"边喊边向着贾充冲过去。

贾充见这个小皇帝红着眼冲过来，又惊讶又好笑，于是左躲右闪。曹髦见贾充一伙人连连后退，还以为自己很厉害，剑舞得更加卖力。

此时，太子舍人成济问贾充："中护军，这种情况我们怎么办？"

贾充咬着牙说："司马公养你们这些人，正是为了今日，今日之事没什么可问的。"

说完，贾充带着队伍冲了过去。成济得了贾充的话，马上明白了。他抽出长戈，上前刺杀曹髦，曹髦倒地而亡。

历史的角落

司马懿有没有想过做皇帝

从史料来看，司马懿应该是不想做皇帝的，他曾向曹丕发过誓终身当魏国子民绝不叛变。论资历和威望，当时的曹魏无人是司马懿的对手。把曹爽铲除以后，朝中更没人能和司马懿抗衡，司马懿也就放心了，当不当皇帝对他来说不重要。

❧ 愚钝的皇帝司马衷 ❧

公元 265 年，已经被进爵为晋王的司马昭病逝。几个月后，他的儿子司马炎代魏称帝，建立晋朝。

司马衷是司马炎的嫡次子，十分愚钝，说话办事反应慢，而且对一些人之常情也不太懂。

司马炎知道这个儿子智力有些问题，但还是想考察一下，如果不是那么无可救药，皇位还是可以传的，大不了找一个可靠的大臣来辅佐。

当时，还是太子的司马衷虽然差了一点，但他有一个聪明的老婆——太子妃贾南风。她是大臣贾充的女儿，很有谋略。她得知司马炎要测试太子，就提前做好了准备。

这一天，司马炎给太子出了几个问题，让太子来回答。贾南风已经请好了"替考"，这些人引经据典，使得司马衷的答卷极为出色。

一个小宦官提醒贾南风："太子平时并不专心学习，这是人尽皆知的事情，如果这答卷过于出色，陛下一定会怀疑的！"

贾南风便叫人把这些答卷删减掉了一部分经典内容，让司马衷重新抄了一遍。

答卷交给了司马炎，司马炎仔细读完后，笑着说："我的这位太子呀，虽然才学差点，但基本道理还是懂的嘛！"

公元 290 年，司马衷正式即位，由太傅杨骏辅政。司马炎临死前特意交代了太傅杨骏要好好辅佐自己的儿子。

司马衷即位后的一年，地方大旱，出现了很多灾民，勘察灾情的大臣上奏说："陛下，地方大旱，颗粒无收，饿死了很多人，请陛下考虑赈灾的事。"

司马衷睁大眼睛问:"你说什么?颗粒无收,饿死了很多人?"

大臣回答:"是的,陛下。"

"啊?"司马衷皱起眉头问,"人怎么会饿死呢?"

大臣不敢抬头,又说了一遍:"颗粒无收,没有粮食呀!"

司马衷笑着说:"哈哈,你这是开什么玩笑,没有粮食,他们怎么不吃肉糜?"

这个大臣听了愣在原地,哭笑不得,其他大臣都在心里暗暗发笑。

司马衷真是呆得可爱又可怜。他对人没有坏心思,但别人对他都没

安好心，甚至他的皇后、皇叔、侄子等都垂涎晋朝的皇权。没过多久，皇后贾南风陷害杨骏，夺取了皇权。

后来，爆发了八王之乱，司马衷只是一个傀儡皇帝，在众人的攻击下四下奔逃，身边连个忠臣都没有。

一次正在逃命时，他的脸被擦伤，乱军中突然飞奔过来一个人，站在了他的身边，挡住了乱纷纷的剑。这个人就是侍中嵇绍。

但毕竟寡不敌众，一次又一次攻击后，叛军还是抓到了司马衷。

叛军的将军说："来人，刚刚谁在皇帝身边，凡是在他身边保护他的人全部杀掉。"

司马衷站出来说："你们不能这样，嵇侍中是忠臣，你们不能杀他。"

叛军将军从俘虏中找来嵇绍说："我们接到的命令是只留皇帝一个人。"又对司马衷说，"你身边的所有人全都得杀掉。"

就这样，嵇绍被一剑杀死，鲜血迸溅到了司马衷的衣服上。等到战事平息了，司马衷哭着对随从说："要留好这件衣服，不要清洗，这是嵇侍中的血，是我对不起他。"

历史的角落

历史上的两位"傻"皇帝

历史上的"傻"皇帝，除了西晋的晋惠帝司马衷，还有一个就是东晋的晋安帝。东晋末期，晋孝武帝被张贵人捂死后，他的长子司马德宗继位，即为晋安帝。晋安帝连冷暖饥饱都不知道，最后惨死在刘裕的屠刀下。

皇族之间的大混战

司马衷即位后，人人都知他能力低，也都存着一颗反叛的心。

贾南风在杀了汝南王司马亮和楚王司马玮后，掌握了皇权。不久，她就被赵王司马伦杀了。第二年，司马伦逼迫司马衷禅让，登上了皇位。司马伦是司马懿的庶子，论血缘轮不到他继位，并且他的威望也不太高。最重要的是，他这个人并没有什么学识，能力一般，相貌丑陋，当时的人都觉得不太吉利。因此，司马伦登上皇位引起了各地宗王的不满，纷纷起兵反抗，引发了历史上著名的"八王之乱"。

镇守许昌的镇东大将军、齐王司马冏首先起兵，传檄天下，讨伐司马伦。司马冏得到镇守邺城的成都王司马颖、镇守长安的河间王司马颙的响应，"三王"合兵攻讨司马伦，直逼洛阳。

双方在洛阳城外大战了两个多月，死伤近十万人。司马伦战败以后被处死，司马衷又被迎了回来。没多久，司马冏率兵占了洛阳，夺取了辅政大权。

司马冏夺了大权后，并不得人心。他骄奢淫逸，天天沉迷于酒色之中，还大肆扩建自己的府第，当时的齐王府简直就是另一个皇宫。

惠帝司马衷的子孙都死了，没有了顺位继承人，长沙王司马乂和河间王司马颙早就觊觎着皇太弟之位。司马冏并不想让他们顺利继位，他自作主张地立了八岁的清河王司马覃为太子，这下可惹怒了司马乂和司马颙。

公元 302 年，二人打着收到密诏的名义起兵攻打洛阳，司马乂猛攻司马冏的府第。一时间京城火光四起，喊杀声响破天际。仅仅三天时间，司马冏兵败被杀。

司马乂取得了辅政大权。其实，司马颙并没有与司马乂一心，他原本想等司马乂和司马冏打到两败俱伤后再进京，坐收渔翁之利，谁知司马乂这么顺利就胜利了。

公元 303 年，司马颙举兵攻打司马乂，司马颖也帮着司马颙，三方在洛阳大战，几十万大军搏杀在一处。

第二年，本就在京城的东海王司马越也发动兵变。他勾结了司马颙的部将，把司马乂活活烧死了。

司马颖在朝野向来有威望，而且军事实力强。他进入洛阳后被增封

二十郡，官拜丞相。河间王司马颙官升太宰，东海王司马越为尚书令。

他们废了皇太子司马覃，司马颙又推荐司马颖成为皇位继承人。但是，司马越对司马颖的专政意见很大，他召集十万多人带着晋惠帝司马衷一起讨伐司马颖。司马越大败，晋惠帝被俘。

司马越逃到下邳，当时的徐州都督、东平王司马楙不接纳他，司马越只好逃回了自己的封地东海。司马颖此时以同是宗室兄弟的名义，下令宽恕司马越，下诏要招他回朝。

司马越拿到诏书后，担心其中有阴谋，拒绝回京。他的亲弟弟并州刺史东瀛公司马腾及王浚，杀死了司马颖所置的幽州刺史和演，司马颖于是出兵讨伐司马腾。司马腾与王浚联合乌丸、羯朱等异族势力共同还击，大获全胜。

司马颖看到军队大败，心里越想越慌，带上晋惠帝和忠心的大臣，一路从邺城逃回洛阳。此时，洛阳的大权在司马颙的部将张方手中。张方即刻挟持了晋惠帝，司马颖刚到长安，司马颙就废黜了他的皇太弟之位，并把司马颖遣送回封地。

司马颙强迫晋惠帝下诏，立司马越为太傅，但被司马越以不出封地为由拒绝。公元305年，气急败坏的司马颙发诏书罢免司马越等人。

司马越起兵后，派人对司马颙说："只要你送惠帝回都城，我同意与你分封地。"

司马颙命豫州刺史刘乔为镇东大将军，派司马颖率领楼褒、王阐等，抵抗司马越。

司马越率几万士兵一路攻打，刚到萧县便战败，幸好范阳王司马虓派遣督护田徽以八百骑兵帮助司马越，司马越进屯阳武。

后来，司马越攻破潼关，进入长安，将晋惠帝司马衷护送回洛阳。晋惠帝下诏升司马越为太傅录尚书，增封下邳、济阳二郡，司马虓也被封为司空。

司马虓抓到司马颖父子后，不忍心杀害，囚禁起来。而一个多月后，司马虓暴毙，司马颖被得了密诏的看守缢死。

公元307年，晋惠帝司马衷突然死了，司马炽继位，是为晋怀帝。司马炽诏司马颙为司徒回朝辅政。司马颙到新安雍谷时，被人掐死在车里，三个儿子也被杀死。"八王之乱"也随着司马颙的死画上了句号。

历史的角落

奇丑无比的皇后——贾南风

贾南风是中国历史上著名的丑皇后。据史书记载，贾南风身材矮小，脸色青黑，眉后还有一大块胎记。她之所以成为皇后，是因为她有个好父亲——贾充。司马炎建立晋朝后，贾充受到重用。随着贾充权势的增加，司马炎越来越担心，他怕贾充与自己一样篡位，就开始提防。贾充很聪明，为了保住自己的地位，把女儿嫁给了司马炎智力稍差的儿子司马衷。

司马睿建立东晋王朝

司马睿是晋宣帝司马懿的曾孙，琅琊武王司马伷之孙，琅琊恭王司马觐之子。

公元276年，司马睿在洛阳出生。司马伷是司马懿的庶子，但极受重视。西晋开国后，他被封为琅琊王。司马睿的父亲司马觐为司马伷的长子，初拜冗从仆射，后袭爵琅琊王。司马觐去世后，年仅十五岁的司马睿依例袭琅琊王爵。

此时正值"八王之乱"，朝廷动荡不安。司马睿的封地在西晋算是大国，与司马越的东海国是邻居。而他却无兵无权，为避开杀身之祸，他尽量躲着权势的争斗。

公元304年，"八王之乱"愈演愈烈，司马睿躲不过，在好朋友王导的辅佐下，参与到了斗争中。

过了几年，司马睿带着王导渡江到建邺。西晋灭亡后，司马睿称晋

王，很快又称帝，建立东晋。

司马睿称帝后，并没有很大的皇族势力支持，他在江东声望也得不到世家大族的支持，他的皇位一直不稳。

面对这样的局势，王导运用谋略，让司马睿获得了南北士族的支持，稳固了东晋政权。司马睿觉得自己越来越离不开王导，就任他为宰相。当时，社会上流传着"王与马，共天下"的说法。

司马睿对王导特别信任，他把王导比作"萧何"，称王导为"仲父"。

王导对司马睿也是忠心耿耿。他常劝谏司马睿克勤克俭，友善待人，收民心，得民助。与此同时，王家的权势步入了鼎盛时期，王导的弟弟王敦几乎掌握了长江中游的大部分军事力量。四分之三的朝野官员是王家的人或者与王家相关的人。

眼看着大权旁落，司马睿终于按捺不住不满的情绪，他引刘隗、刁协、戴渊等为心腹，暗暗开始"清君侧"。

公元 322 年，王敦在武昌起兵，王导也感知到了司马睿想要削弱王家势力的决心，便偷偷帮着王敦。

王敦攻入建康，杀了戴渊。司马睿脱下战袍，穿上朝服，把王敦叫到跟前问："你是想当皇帝吗？为什么不早跟我说呀，我把皇位让给你，我乐得做我的琅琊王去。为什么要挑起战争，害百姓受苦呢？"

王敦虽然嘴里说着"不敢"，但野心很明显。他自己给自己封了很多官职，司马睿看到这个情况十分无奈。

此时，司马睿空有皇帝之名，他已完全丧失了皇权。王敦越来越猖狂，不仅把控了朝政，还想将有勇有谋的太子废黜。还好有百官阻拦，他才罢休。

看到这样的情形，司马睿越来越郁闷，最后一病不起。

最后一刻，他还挣扎着想让大臣司徒荀组参与朝政，钳制王家势力，没想到司徒荀组刚接了诏书就病死了。这对司马睿简直就是致命打击，他的病情越来越重，最后在忧郁中死去。

历史的角落

为什么有人管司马睿叫牛睿

曹魏时期有一本流传很广的谶书叫《玄石图》，上面记有"牛继马后"的预言。司马懿又请星象家管辂占卜子孙运势，结果与书中记载一样，这就成了司马懿的心病。司马懿有个叫牛金的手下，因为姓牛又功勋卓著被司马懿用毒酒毒死了。

据传说，建立东晋的皇帝司马睿是其母亲与一个姓牛的小吏偷偷生下的，"牛继马后"还是没躲过。所以后人才戏称司马睿为"牛睿"。

骁勇善战的拓跋人

拓跋部是鲜卑族人，他们出现于历史舞台是从西汉后期开始的。

东汉初年，拓跋氏开始从原居住地向南方迁徙到有水源的地方。后来，他们居住的地方越来越荒芜，于是又往南迁。最后到了原来匈奴生活的地方。

这个地方山很高，水很深，山路弯曲，处处是天堑。于是，拓跋人想停下来，第二年再继续迁徙。

晋国在中原纷乱的内战，让北方的少数民族部落也变得不安分起来。其中，游牧民族鲜卑人逐渐发展壮大，到了拓跋力微掌权时期，实力已经不容小觑。拓跋力微是鲜卑拓拔氏政权的真正始祖，他活了一百零四岁，在位五十八年，对鲜卑族的发展有着巨大贡献。

在"八王之乱"时期，拓跋力微的孙子拓跋犄卢也参与其中，被封为代王。公元338年，拓跋什翼犍建立代国。之后，拓跋什翼犍遭到大将长孙斤刺杀，他的世子拓跋寔舍身挡在前面，被刺中肋部，因伤势过重去世。此时，拓跋寔的儿子拓跋珪还在母亲的肚子中。

前秦第三代君主苻坚抓住代国内乱的机会，把代国分成了东西两个部分，分别由拓跋什翼犍的外甥刘库仁和女婿刘卫辰管辖。

代国大乱，拓跋珪刚刚五岁，幸好他跟随母亲贺氏逃往舅舅贺讷的部落，才逃过灭顶之灾。刘库仁对代国遗民比较友善，而刘卫辰把拓跋氏视为仇敌。他俩的这个分歧，正好对了苻坚的胃口：两个人相互制衡，而苻坚不会受到任何威胁。

因为刘库仁对拓跋人友善，所以很多代国人及拓跋什翼犍生前的亲信都去投奔他。此时，贺氏也带着拓跋珪投奔了刘库仁。

刘库仁对拓跋珪母子很好，照顾周全。他对拓跋珪很赞赏，常常对自己的儿子说："你表弟有雄踞天下的大志，他未来一定会完成复兴大业的。"

公元383年，苻坚在淝水之战中战败。后燕皇帝慕容垂又趁火打劫，苻坚危在旦夕，刘库仁出兵相救，但还是没有抵挡住后燕的进攻。刘库仁死于战争之中，弟弟刘头眷掌权。

刘头眷掌权后，一心扩充势力。他先后打败了柔然和贺兰部，儿子刘罗辰劝父亲说："父亲您要小心堂兄刘显，他可能盯上您的位子了。"

刘头眷没听劝告，一心只放在对外战争上，结果被刘显刺杀。刘显夺位之后，觉得拓跋珪这个代国嫡系子孙是一个大威胁，便想除掉他。

　　贺氏得知刘显的想法后，用计给拓跋珪创造了出逃的机会。拓跋珪抓住机会带着代国的旧臣连夜逃走，再次投奔了自己的舅舅贺讷。

　　当年贺讷送走拓跋珪时，拓跋珪还是个小孩，而现在已经长成了壮实的小伙子。贺讷见到他不禁感慨道："孩子，舅舅支持你复国，愿助你一臂之力。"

　　拓跋珪忙施礼说："如果真如舅舅所说，我一定不负您！"

　　贺悦是拓跋珪母亲的从弟，也是刘显部下的大臣，听说拓跋珪成

功出逃的消息后，他率领众兵士马上去投奔。贺悦的这次叛逃，还带动了刘显手下一大批兵士的"出逃"：南部长孙嵩、中部庾各辰也相继投奔了拓跋珪。

半年后，苻坚死了，消息传到拓跋珪耳朵里，他高兴地说："机会来了！"

公元386年，拓跋珪趁乱复立代国，即位于牛川，年号登国，把国都迁到了盛乐城。几个月后，拓跋珪改称"魏王"。

此时的拓跋珪年仅十五岁。他对内励精图治，对外击败强敌，为拓跋焘统一北方奠定了坚实的基础。

北魏的建立推进了南北朝的历史进程。

历史的角落

关于拓跋珪的名字

据历史学家考证，拓跋珪的名字并不是"珪"，他甚至根本没有用汉语取名，南朝史书所记的"涉珪、什圭、涉圭、什翼圭"等才是其本名，都是对鲜卑语的不同音译。只是后世将其最后一个音的音译字当作汉式名讳罢了。

人穷志不穷的刘裕

刘裕小名是"刘寄奴"，并不是说刘裕起了个药材名，而是这药材的名字来源于刘裕。

关于刘裕，有这样一个传说：

刘裕做皇帝前，有一次率兵出征新洲，大获全胜，敌人的残兵败将逃到了山林里，他便带兵去追。就在刘裕快马追赶敌人时，一条巨蛇挡在他面前，刘裕搭弓就射，蛇被射中，带着伤逃跑了。

第二天，刘裕再带兵搜敌人时，听到山林里有杵臼"叮叮当当"的声音，他循声过去，只见几个青衣的童子正在捣药，士兵觉得奇怪，举刀上前。

童子赶忙趴在地上，对着刘裕磕头："昨天寄奴将军把我家主人射中了，我家主人疼痛难忍，我们才在这里捣药的。"刘裕听完觉得很奇怪，就准备上去查看。

结果刚一靠近，几个青衣童子就不见了，只剩下一堆捣碎的药材。刘裕把药带回去给士兵涂抹伤口，效果出奇地好，士兵们便亲切地称这药为"刘寄奴"。

其实，刘裕是汉高祖刘邦弟弟刘交的二十二世孙。到了他这一代，家境已经相当贫穷了。当年，母亲生下他后就离开了人世，父亲刘翘连个奶娘也请不起，就打算把他扔了。

此时，刘怀敬的母亲把刘裕养了起来，刘裕才逃过一劫。长大后的刘裕一表人才，早年靠砍柴、种地、打鱼和卖草鞋为生，后来从军，成为北府军将领冠军将军孙无终的司马。

公元 399 年，孙恩在会稽起兵，晋国派将军谢琰、前将军刘牢之镇压。刘裕在这场战争中转到了刘牢之的麾下，成为参军。

刘牢之到了吴地后，派刘裕等十几个人去侦察敌情，结果一出门就撞上了几千名起义军。刘裕挥着长刀奋力厮杀，幸好得到了刘牢之的儿子刘敬宣的增援，大败起义军。他们乘胜追击，收了山阴。

两年后，孙恩再次起义并杀了大将谢琰，刘牢之领兵出战，孙恩败退。之后的几次起义，孙恩每次都败在刘裕的手中。

很快，刘裕成了东晋赫赫有名的虎将。东晋可以说是个动荡不安的王朝，内忧外患，政治时局摇摆不定。此时，桓玄趁着京城防守空虚谋反，篡位建立楚国，过上了帝王的日子。

没过多久，刘裕就带兵打过来了。桓玄很快便被赶下了宝座，刘裕顺利地占领了京城。

刘裕派人把晋安帝迎了回来，晋安帝封刘裕为豫章郡公。东晋又在刘裕的"救治"下活了下来。自此之后，刘裕官运亨通，地位越来越高，最后成为一人之下万人之上的人。

人的欲望总是无限的，刘裕最终有了自己做皇帝的想法。他担心直接坐上皇位恐怕难以服众，就盼着晋安帝早点儿死，这样就可以名正言顺地立一个新的傀儡皇帝。

只是晋安帝没有按刘裕预想的那样赶快死去，他的寿命太长了。刘

裕只好派杀手杀了晋安帝，让他的弟弟继承了皇位。

晋恭帝还是比较聪明的，他即位后就知道自己是个傀儡皇帝，所以在刘裕面前一直恭恭敬敬。

尽管如此，晋恭帝依然没有逃过刘裕的谋害。一段时间后，刘裕找到晋恭帝问："您这样子怎么看怎么不像是皇帝，而且皇帝的工作也不是一般人能干得了的。皇帝的工作太辛苦了，要不我替你当吧！"

晋恭帝知道该来的总会来的，就欣然接受，抄写了刘裕拟好的诏书。

刘裕于是正式登基为帝，把国号改成了"宋"。

晋恭帝本以为交出帝位就可以保住性命，却收到了刘裕派人送来的毒酒。晋恭帝接到毒酒后又急又气，不愿意喝，大喊："我都让位了，怎么还要杀我？"

兵士们见晋恭帝没有喝毒酒，便把他挟上床去，用被子蒙住他的头，三下五除二就把他给捂死了。

历史的角落

历史上武力值最高的皇帝

南朝时期的宋武帝刘裕很有可能是所有皇帝中武力值最高的一个。在《资治通鉴》里面曾经描述过这样一场战斗：刘裕带了十几个侍从去侦察敌情，结果被敌人发现，受到了数千人的围攻。刘裕奋起反抗，他的随从全都战死，而刘裕凭着自己超强的武力，在敌人的围追之中杀出了一条血路，逃了回来。

❧ 南梁一亿万钱皇帝萧衍 ❧

萧衍是南朝梁的开国皇帝，出身于著名的兰陵萧氏家族，他的祖上是西汉相国萧何。

萧衍自小就聪慧过人，喜欢读书，在文学方面很有天赋。当年，他曾经在萧子良门下游学，一同学习的还有沈约、谢朓等七人，人称"竟陵八友"。

南朝齐明帝萧鸾篡位登基时，萧衍为他出了很大力。萧鸾为了感谢萧衍的谋划之功，把他提拔为中书侍郎，后来又升为给事黄门侍郎。自此之后，萧衍的权力越来越大。

萧鸾死后，他的儿子萧宝融即位。此时的萧衍已经大权在握，便起了谋反之心。

萧衍的好友沈约知道了他的心事，便问："你是否有心废黜当今陛下？"萧衍装作没有听到，继续低头看书。

过了几天，沈约又向萧衍进言："如今与古代不同了，不可以期望人人都能保持着淳古之风，士大夫们无不攀龙附凤。天意不可违抗，人心不可失去。假如天道安排如此，您虽然想要谦逊礼让，而实际上也是办不到的。"萧衍这才吐露了一句："我正在考虑这件事。"

沈约出去之后，大司马又叫范云进去，征求他的看法。范云的回答与沈约所说的意思差不多，至此，大司马才对范云讲道："智者所见，不谋而合。您明天早晨带着沈约再来这里。"范云出来之后，把萧衍的话告诉了沈约，沈约说："您一定要等我呀！"范云答应了。

但是，第二天早晨，沈约提前去了，萧衍命令他起草关于受命登基的诏书，于是沈约从怀中取出已经写好的诏书以及人事安排名单。萧衍看过之后，一点儿也没有改动。不一会儿，范云从外面来了，到了殿口门，等来等去不见沈约前来，只好在寿光阁外徘徊。沈约出来了，范云这才明白了，原来沈约赶在自己之前已经进去了，就问他："对我怎么安排的？"沈约举起手来向左一指，意思是安排范云为尚书左仆射，范云就笑了，说："这才和我所希望的差不多。"

萧衍得到支持后，便开始谋划起来。范云和沈约先给萧宝融的中领军写信，信中言辞犀利，要他逼迫萧宝融让位。与此同时，萧衍的弟弟偷偷派人在百姓间传播民谣："行中水，为天子。"这"行中水"自然就是"衍"。这一民谣，使萧衍有了百姓的拥护。

公元 502 年，萧衍登基为帝，改国号为"梁"，定都建康。

萧衍即位后十分节俭，政绩也很突出，算得上好皇帝。他还有一段让人哭笑不得的传奇经历。

萧衍的小名叫"练儿"。这个小名出自佛经，全称是"阿练若"。他一生信佛，且曾经四次出家，大臣们扛着银钱将其赎回。

公元 527 年，萧衍第一次出家。他来到同泰寺，宣布自己出家了。大臣们慌了，一拨又一拨地来求他回宫。最后，他招架不住大臣们的哀求，当了三天和尚就回宫了。

公元 529 年，他又来到同泰寺，参加"四部无遮大会"，现场脱下帝袍换上僧袍，宣布出家，并在同泰寺讲起了《大般涅槃经》。大臣们赶紧组织捐款，花了一亿钱向"佛、法、僧"三宝祷告，请求赎回皇帝。

公元 546 年，萧衍又出家了，大臣们用两亿钱赎回。第二年的三月初三，他第四次出家，在同泰寺住了三十七天，文武百官又捐了一亿钱。

萧衍不仅几次入寺做和尚，还精心研究佛教理论。他在位晚期任用奸臣，造成朝廷动荡，侯景带着叛军直入建康，萧衍只好受制于他。

侯景手下的兵卒赶着驴马，带着弓刀，在宫廷中随意进出。萧衍询问原因，直阁将军周石珍回答说："这是侯丞相的卫兵。"萧衍听后大怒，斥责周石珍道："是侯景，为什么管他叫丞相？"左右的侍从都很害怕。

自此以后，萧衍的要求大多不能被满足，日常饮食供给也被削减。年迈的萧衍在忧愤交加中病倒了。

后来，萧衍八十六岁的时候硬生生被饿死了。临死前，他感觉嘴里发苦，向侍从要蜂蜜，侍从不理。就这样，萧衍在饥渴交加中死去。

历史的角落

曾经出家的皇帝

第一位是南朝梁开国皇帝萧衍。他四次出家让大臣花钱赎回，后一直修佛法。

第二位是隋朝开国皇帝杨坚。他出生在寺庙里，并在那里生活了十几年。

第三位是唐朝女皇武则天。她是唐太宗的"才人"，太宗死后被送去感业寺修行，后由唐高宗李治接出来封妃。

第四位是明朝开国皇帝朱元璋。他为求生计进皇觉寺当过几十天和尚。

第五位是清朝顺治帝。传说他放弃皇位出家为僧，但没有确切记载。

惊天动地的玉壁大战

北魏分裂为东魏和西魏后，实权分别落入丞相高欢和鲜卑人宇文泰手里。玉壁在当时是极为重要的军事重镇，是东魏和西魏扩展势力，向对方进发的咽喉要道。

在西魏筑城玉壁并移镇玉壁后，高欢如坐针毡。为拔除玉壁，他不惜赌上国运。公元 542 年，爆发首次玉壁之战。东魏军队围攻玉壁，连续攻打九日不下，天逢大雪，城外士卒饥寒交加，死伤惨重，无奈撤军。

公元 546 年，高欢再次征伐西魏，最先还是要攻下玉壁。他带着兵士在玉壁城外安营扎寨，营寨绵延几十里。玉壁城里没有水，大部分的水源都来自汾河，于是高欢就把汾河改了道，让玉壁城断了水。韦孝宽见招拆招，马上在城里凿井。

高欢又在城南用土堆起小山，想要居高临下地攻城。小山的对面，正好对着玉壁城的两座城楼。于是，西魏大将韦孝宽就用木头加高城楼来应战。

高欢让人对着城门大喊："哪怕你把楼盖到天上，我也会穿过城门攻下你们。"于是，他一面派人挖地道，一面又调集兵马，昼夜进攻玉壁城北面。

韦孝宽命人宽沿着城墙挖深沟去拦截地道，他选了精兵良将驻守在深沟之上，只要城外的人穿过地道，来到深沟里，就马上抓住把他们杀了。同时命人在沟外贮积柴火，准备好风箱，一看到地道口，就立刻往里面吹烟火，熏烧地道里的敌人。

高欢造了坚固锐利的兵车，韦孝宽就缝起布来拦；高欢让人用高竿点燃松香火攻，韦孝宽就命人用长柄铁钩割断高竿；高欢命人在城墙下四面八方挖了二十一条地道，里面撑着柱子，然后灌上油烧，等柱子折了城就崩了，韦孝宽就带人竖起木栅栏来阻止……

高欢使了各种办法也没有攻下玉壁，最后无奈地命人对韦孝宽喊话："你早知道没有援军来救，为什么还不投降？"

韦孝宽回答说："我们城池坚固，粮草充足，你们不要白白浪费力气啦，我们守城守得安然，根本不需要救援，我还替你们担忧呢，有来无回呀！"

高欢又派人往城里射了帛书，上面写着：斩杀城主归降，就可以拜太尉，封公爵，赏赐万匹绢帛。韦孝宽接了帛书，在背面写上：能杀高欢，奖赏相同。

高欢这一战打得累极了，兵士伤亡过半。他郁闷至极，得了病，趁着夜色逃走了。不久后，高欢在晋阳郁郁而终。西魏则嘉奖了韦孝宽守城有功。

高欢逃到晋阳后，曾为了激励兵败后的将士，设宴并让骁将斛律金唱《敕勒歌》："敕勒川，阴山下，天似穹庐，笼盖四野；天苍苍，野茫茫，风吹草低见牛羊。"

玉壁之战使得东、西魏实力此消彼长，原本实力弱小的西魏经过这一战变得越来越强大，东魏再也不敢侵犯。

历史的角落

兵家必争之地——玉壁

玉壁城位居汾南高垣，城下濒临汾河，其东、西、北三面皆为深沟巨壑，地势突兀，险峻天成。古时，南北大道从城中穿过，西、北、东三面绝壁环绕。唯有南面一条大道供人出入。玉壁城内外水源丰富，即便被包围，也不会有断水之忧。从外观上看，玉壁城就像一个放在高台上的大箱子，只需要稍加修整，就会变成一个易守难攻的堡垒。简单来说，只需要少量的兵力，就可以阻拦来自外界的进攻。

侯景的短暂皇帝梦

侯景早年入伍时，只是一个普通的士兵。虽然他擅长骑射，骁勇善战，但是他没有什么背景。想要混出点名堂来，就需要借助外力。

侯景做过怀朔镇功曹史。北魏末年，北方大乱。侯景生性狡黠，见尔朱荣受到朝廷重视，于是带着自己的人马投靠了他。当时，各部落氏族纷纷反抗，北魏朝廷派尔朱荣去平叛，侯景作为先锋与尔朱荣一起出征。这场战争中，侯景表现突出，顺利地被提拔为定州刺史。

战功赫赫的尔朱荣野心逐渐显现出来。他自恃功高，越来越不把皇帝放在眼里。于是，当时的皇帝孝庄帝用计将他杀了。

　　侯景的靠山倒了。他虽然侥幸逃过了问罪，但前程渺茫。不过，生活在战乱的年代，世事变化莫测，高欢渐渐得势。侯景与高欢都曾是怀朔镇的镇兵，他赶紧投奔了这个老相识。

　　高欢对侯景十分器重，侯景的仕途顺风顺水。随着地位越升越高，侯景的眼睛也越抬越高，甚至连高欢的世子高澄都没有放在眼里，还常常说一些不利于高澄的话，让高澄心里很反感。

　　高欢死了以后，高澄执政，侯景立刻选择了反叛。他本想向西魏投降，西魏皇帝也很欢迎他，但西魏丞相宇文泰了解侯景，他觉得侯景这样做一定有诈，想等他到朝廷后就解除他的兵权。

　　侯景料到宇文泰的主意，便拒不入朝，结果高澄派兵追，宇文泰派兵堵，把侯景夹在中间。于是，侯景又向梁朝示好，要向梁朝投降。

　　梁朝大臣不同意侯景入朝，但梁武帝对侯景的实力还是赞赏的，他不顾群臣反对，接受了侯景的投降。

　　梁武帝本来想让侯景帮助自己扩张国力，没想到却引狼入室。面对梁武帝给自己的优厚待遇，侯景并不满足。侯景向梁武帝要求："我要娶王家千金。"

　　梁武帝说："王谢是世家豪门，你门第不够，可以向朱张以下的门第求娶。"

　　侯景心里起了火，发誓要将这些世家豪门的儿子发配为奴。

　　梁朝为了发展，想与东魏求和，此时距侯景叛离还不到一年。侯景知道，如果他们联合在一起，那自己的日子不会好过。左思右想之后，侯景干脆先发制人，在寿阳起兵。

　　梁武帝晚年修佛，这给侯景创造了机会。他率轻骑突袭建康城，一路攻下了石头城、白下城、东府城，兵临台城城下。

　　皇城台城还算坚固，侯景的兵力有限，久攻不下。最后，侯景的粮草快用尽了，兵士们越来越没精神。侯景看到这种情况，干脆放纵自己的士兵想干什么就干什么。没过多久，他的援军到了，台城也被攻了下来。

　　此时，台城中粮食吃光了，军士煮弩、熏鼠、捕鸟而食。殿堂上的鸽子也被吃尽，屠马时甚至掺杂人肉。这导致了疾疫盛行，城中死者大半。侯景下令将病人与死尸堆在一起焚烧，京城俨然成了人间地狱。

侯景攻下台城后夺取了梁朝的军政大权，他给自己加官进爵。梁武帝被饿死后，侯景立太子萧纲为帝。萧纲是一个傀儡皇帝，梁朝的大权还在侯景手里。

侯景觉得一些普通的官职都无法彰显他的伟大，于是对简文帝萧纲说："你下诏封我为'宇宙大将军'。"

萧纲听后惊讶地说："将军哪有宇宙这种称呼？"

侯景瞪大了眼睛说："我说封就封，你快下诏。"

萧纲只好下诏封侯景为"宇宙大将军"。

侯景心里高兴极了，他觉得自己的权力已经大到无限。当年他求娶王家女儿不得，起兵后他几乎将王谢两家灭了族，而现在他将手伸向了皇族公主。

他向萧纲求娶溧阳公主，萧纲当然不同意把自己的女儿嫁给他，但又没什么办法，最后只好嫁了女儿。后来侯景又看上了大臣的女儿，把她纳为了妾。

公元 551 年，侯景率大军西上，遇到了梁武帝的另一个儿子镇西将军萧绎。侯景这次算是遇上了对手，损失惨重，眼看着大势将去。

侯景感觉到自己的逍遥日子所剩不多，于是他的谋士帮他出主意，废了萧纲，圆了他的皇帝梦。

九月，侯景废黜简文帝，杀了太子及宗室二十多个人，立豫章王萧栋为帝。很快又把萧纲灌醉闷死，然后废黜了萧栋。侯景终于登上了帝位，改国号为"汉"。

第二年二月，侯景的皇位还没有坐稳，萧绎就带兵攻来了。侯景被陈霸先、王僧辩击败，逃亡时被部下所杀。

历史的角落

北齐神武明皇后娄氏的"梦中注定"

北齐神武明皇后娄氏年轻的时候聪明漂亮，想要迎娶她的人很多，她却谁也看不上，唯一喜欢的人就是高欢。她嫁给高欢后，生了很多个孩子。她怀高澄、高洋、高演、高湛的时候都梦到了龙，结果这四个儿子都成了皇帝；她怀高淯、高济的时候梦到的是老鼠，结果这两个儿子只是王爷；她怀两个女儿的时候梦到了月亮，结果两个女儿都做了皇后。

硬气的南朝将领陈霸先

陈霸先是南朝最后一个朝代陈朝的开国皇帝，他平定内乱，奋勇抵抗外敌，使得陈朝的社会安定、百姓和乐，很多传统文化得到了保护。

传说陈霸先个子很高，额头上突起一块，手臂垂下来能过膝盖。

陈霸先幼年时家境贫寒，但他从小就有大志向，而且他知道，想要完成自己的目标就要读很多的书。在他成年后，仍然爱读书，尤其喜欢史书、兵书，对地理、天文也通晓。

陈霸先早年担任新喻侯萧映的传令吏，很受器重。广州兵乱的时候，萧映被围，陈霸先一战解围，被梁武帝任命为交州司马。

侯景之乱时，陈霸先赴援，在建康摧毁侯景势力，此后奉命镇守在京口。梁元帝被西魏所杀，陈霸先在京口举兵，除去王僧辩，把萧渊明赶下台，拥立萧方智登基称帝，陈霸先总摄梁朝军国大事。

当时，江州一带主要的威胁是王僧辩的手下侯瑱。王僧辩死后，他便以"为王僧辩报仇"的名义起兵。

陈霸先赶走了北齐以后，便扛起了"效忠梁朝"的大旗，并派人挑拨侯瑱与兵士的关系，说："侯瑱这是个人恩怨，你们为了帮他报仇而搭上自己的性命，值得吗？"

这招果然好用，侯瑱手下很多将士向陈霸先投诚。亲信劝侯瑱逃往北齐，侯瑱说："陈霸先不是小气的人，他的手下侯安都、周文育、萧摩诃等都是降将，我相信他也一定能重用我。"

果然，陈霸先欣然接纳了侯瑱，并封他为司空。而后，陈霸先南征北战，清除了很多具有威胁的强大力量，最后只剩下了湘州的王琳。

王琳的姐姐嫁给了梁元帝萧绎。王琳很小的时候就跟在萧绎后面习武，并在梁朝任职，他带兵时与士兵亲如一家。

当年，王琳与王僧辩、陈霸先一起跟着萧绎讨伐过侯景。当他们攻入建康后，王琳纵容手下作恶，萧绎把他关了起来，结果他手下的士兵纷纷求情，无奈之下，萧绎只好放出了王琳。

从那以后，萧绎觉得王琳越来越危险，于是把他赶到了边远地区做刺史。

陈霸先派人告诉王琳："你回到建康来，做侍中、司空。"

王琳接到信后想：常说一山难容二虎，你这是要把我放在身边好收拾，我才不会上当呢！于是，他征兵造船，与陈霸先的军队对峙。

陈霸先见王琳这块骨头这么难啃，自己的年龄也越来越大了，便逼着梁敬帝禅位，登基做了皇帝。

这一举动，让陈霸先由一个义愤填膺的忠臣变成了叛臣。陈霸先大军的士气降了下来，大将侯安都、周文育等率军讨伐王琳也大败被俘。

王琳的军队中，负责看管侯安都、周文育的人叫王子晋，他本来对王琳就有些意见，王琳对他也不重用。侯安都便趁此机会给王子晋许以厚禄，最终打动了王子晋。王子晋决定帮助他们逃走。

王子晋以钓鱼为名，找来一条小船停在大船旁。到了晚上，侯安都、周文育等人沿着绳索跳到小船上，将船划到了岸边。他们躲在草丛中看了一会儿没有什么动静，便逃回了陈军营地。

陈霸先见他们平安回来了，喜出望外，不但让他们继续领兵，还发了奖赏来安慰他们。

王琳一心用在如何挑起战争上，他向北齐求援，请立永嘉王萧庄。陈霸先再遣侯瑱、徐度率水军攻打王琳，又另派谢哲前往游说，王琳于是退回到湘州。

之后，陈霸先才将精力放在国家的治理上。他勤俭节约，任贤使能，政治清明，江南局势渐趋稳定。

历史的角落

继承陈霸先皇位的为什么是他的侄子

陈霸先登基没两年就突然病死了，死时唯一的儿子还被扣留在西魏。因为他死得太突然，皇后只能火速召陈霸先的侄子临川王陈蒨入朝暂管朝政。

陈蒨胆大心细，举止优雅，很有军事才能，陈霸先生前一直很器重他。陈蒨回来后联合了很多大臣，大臣们拥陈蒨即皇帝位，史称陈文帝。

隋文帝杨坚的"开皇之治"

杨坚的出身非常好，他的先祖是汉朝时期的太尉杨震，父亲杨忠是北周很厉害的一位大将军，曾经跟着宇文泰立过不少大功而官至柱国、大司空。

在武将家庭长大的杨坚能骑善射、有勇气，小小年纪就被征辟为功曹。十五岁时，杨坚又因为父亲的名望被封了将军，受到皇帝的重视。后来，杨忠去世了，杨坚就承袭了父亲的爵位和军队，成为北周最有实力的将军。

实力和野心是并存的，尤其在当时局势不稳、政权频繁更替的情况下，很多人都想有所作为，杨坚也不例外。当时的北周武帝宇文邕也是一位有才能的皇帝，被百姓们拥护，杨坚只能安分地做好自己的大将军。

面对这样一位手握重权、有能力的将军，宇文邕也是有所忌惮，担心他会有造反之心。

齐王宇文宪经常在一旁煽风点火："杨坚相貌非同常人，我每次看到他，都觉得他不会甘心屈居人下。陛下应该早点除掉他，以免有后患。"这下，宇文邕的心里更不踏实了。

于是，宇文邕找来几个人询问，幸好来和、赵昭为杨坚说了好话，再加上杨坚一直很低调，也想办法表示自己的忠心，才一次次化险为夷，

避免了杀身之祸。

宇文邕死了，他的儿子宇文赟成为北周的新皇帝。杨坚的女儿杨丽华成为皇后，作为皇帝的岳父，杨坚的地位又提升了。他被提升为柱国大将军、大司马。

一开始，宇文赟对自己的岳父是非常信任的，外出巡狩的时候，都是安排杨坚留守都城。但是，随着杨坚的地位和威望越来越高，宇文赟也开始忌惮起杨坚来。他曾经在生气的时候对杨后说："我一定要杀了你全家！"

有一次，宇文赟还在皇宫中设下埋伏，想借着召杨坚进宫议事的机会，抓住他一点不妥就把他杀掉。幸好杨坚心中已经有了准备，不管宇文赟说什么、做什么，他都神色自若，才没让宇文赟找到机会。为了保命，杨坚决定远离京城这个是非之地，便有意无意地透露了自己有外任之意。这下，宇文赟满意了，立即把他派去亳州当总管。

在亳州，杨坚终于自由了，于是暗中筹划，等待着起兵的时机。

很快时机就来了。宇文赟不好好当皇帝，反而沉溺酒色，整天与后宫的嫔妃、宫女吃喝玩乐。一些忠心的大臣劝他，他不仅不知悔改，反而想出一个"好"主意：让年幼的儿子宇文阐当皇帝，自己则称天元皇帝，这样就可以纵情享乐了。宇文赟整日醉生梦死，很快就丧了命。

一个不懂事的小孩怎么当得好皇帝？于是，作为皇亲国戚的杨坚自然而然被推举出来，成为小皇帝的托孤大臣，也成为北周朝政的实际掌控者。

接下来，他篡夺北周大权的路就更顺畅了。他先是征召赵、陈、越、代、滕五王入朝，一一诛杀，又出兵打败了反对自己的尉迟迥。最后，在威逼利诱之下，北周静帝宇文阐被迫签下了禅让帝位的诏书。表面上杨坚谦卑地辞让了三次，实际上早已经准备好了。

公元581年，杨坚即位，定国号为"隋"，改元开皇，立自己的妻子独孤氏为皇后，立杨勇为太子。

其实，杨坚这个皇帝并不好当，因为他从宇文家族手里接下的是一个烂摊子。当时，整个中原地区已经动荡了近四百年，礼崩乐坏，民生凋敝，在外还有虎视眈眈的突厥强敌。

可这也充分体现了杨坚的魄力和能力。称帝之后，杨坚就积极地东征西讨，先是灭掉了西梁、陈朝，又消灭了各地抵抗隋军的武装力量，最后安抚了岭南地区，真正实现了又一次大一统。

他还对政治、经济、军事、司法都进行了改革。比如：设立了三省，把权力都集中于皇帝一人；设立了分科考试的制度，按照成绩来选用人才。这些改革都是积极的，还沿用了很长时间。

他还是一位非常勤俭的皇帝，时常对太子杨勇说："自古以来的帝王，如果习惯了奢侈，就一定无法长久。你一定要厉行节俭。"

之后，隋朝变得越来越强大、富有，百姓都安居乐业，迎来了"开皇之治"。

历史的角落

杨坚的相貌

都说杨坚相貌异于常人，陈后主陈叔宝看到他的画像被吓了一跳，说："别让我看到这个人！"杨坚长得的确有些奇特：额头突出，还有五个隆起的部分；下颌很长、很突出；目光非常犀利；上身长、下身短；掌上有类似于"王"的纹路。不过，这相貌在古代却是"帝王之相"，额头突起，就是"龙颜"的象征。

❧ 贡献和暴政一样突出的隋炀帝 ❧

杨广是杨坚的次子，被立为晋王，当时只有十三岁。杨坚对他非常喜爱，特意让他做了并州总管，负责京城的安危。为了让儿子得到锻炼，杨坚还派出了很有才干的大臣在一旁教导。

后来，杨广上了前线，带着贺若弼和韩擒虎等将领讨伐南朝的陈叔宝，一路作战英勇，表现得很有气度和胸怀。攻进陈的都城建康后，杨广杀掉了那些蛊惑君主的奸佞之臣，封存了府库，也安抚了百姓。

百姓长年被压榨，生活在水深火热之中，看到杨广如此宽待百姓，都欢欣鼓舞，称他为"贤王"。

之后，他还平定了江南高智慧的叛乱，北上击败了突厥人的进攻，立下了赫赫战功。这让杨坚和独孤皇后更喜欢他，对他夸赞不已。

慢慢地，杨广心里不平衡了，心想：我的战功在哥哥之上，为什么父亲要立他为太子？

而杨勇呢？贪图享乐，行事不拘小节，多次被杨坚劝告，仍然不改奢靡的习气。杨坚对他越来越不满，有了废除他太子之位的想法。

这给了杨广很大的信心，让他坚定了取代哥哥、成为太子的想法。为了博得父亲的欢心，他伪装出节俭、不好美色的样子。每当杨坚来到他的府邸，他都安排几个又老又丑的下人，穿着粗布衣服在一旁伺候，饮食也都是些简单的饭菜。他还故意把乐器的弦弄断，乐器上撒满灰尘，放在显眼的地方，以便显示出自己是不喜欢玩乐的人。

杨广还假装有仁爱之心。一次，外出狩猎时遇到了大雨，侍卫给他送去雨衣，他直接拒绝了，说："士兵们都淋着雨，我怎么能独自穿雨衣呢!"很快，这件事又传到杨坚耳朵里，对他更喜欢、更信任了。

　　杨广一边弄虚作假，骗取杨坚和独孤皇后的信任，一边暗中勾结与杨勇不和的尚书左仆射杨素，让他在帝后面前说杨勇的坏话，诬陷他在父亲生病期间寻欢作乐，还盼望着父亲快点死掉，自己好继承皇位。

　　杨坚被骗了，一怒之下把杨勇废为庶人。杨广得逞，很快被立为太子。

　　可是，杨广太着急当皇帝了，趁着父亲病重，就迫不及待地写信给杨素，请教如何处理父亲的后事。或许是巧合，或许是天意，这封信竟然被误送到杨坚的手里。杨坚看了信，气得不得了，立即召杨广进宫，想当面质问他。

而这个时候，宣华夫人也跑了进来，哭诉杨广竟然大胆地调戏她。这时，杨坚才看清了杨广的真面目，急忙命大臣柳述、元岩草拟诏书，废黜杨广，重立杨勇为太子。

不过，这个消息被杨广知道了，他带兵包围了皇宫，把柳述、元岩抓起来，还驱散了杨坚身边的宫人侍从。

很快，杨坚就去世了。杨广假传圣旨，逼迫杨勇自尽。就这样，杨广登上了皇帝的宝座，而他的凶残本性也显露出来，很快就杀掉了亲弟弟杨谅以及众多杨氏族人、隋朝功臣。

即位第一年，他就决定迁都洛阳，大兴土木，建造宫殿。因为工程浩大，每个月都有二百万人被迫到洛阳服役，无数人从全国各地往洛阳运送奇材异石，很多人都活活累死在路上。

杨广还在洛阳西郊建造了一个西苑，里面有"海"，还有仿蓬莱、瀛洲、方丈三座仙岛建的三座岛。每个岛上都有金碧辉煌的楼阁以及为妃子们建造的别苑。他整天在这里与妃子们玩乐，还从各地收罗各种珍禽异兽来供自己观赏。

杨广喜欢到江南游玩，于是就调派无数人修建了从涿郡到苏杭的大运河，还在运河两旁开辟大道，在大道两旁种上树。从洛阳到江都，大运河的沿途，光行宫就建造了四十多座。每年杨广都会带着数千宫女侍从浩浩荡荡地到江南游玩，每到一处都尽情地寻欢作乐，搜刮官员百姓。

杨广不光喜欢出游江南，还喜欢到全国各地游玩，从涿郡到塞北，从长安到河右，每次都大兴土木，为自己建造供享乐的离宫。而因为大兴土木，杨广征发扰动的农民就高达一千万人，被累死、饿死的人不计其数。

当然，杨广修建大运河并不只是为了游玩，还为了加强朝廷对南方的统治。而这也确实是杨广的一大贡献，这条大运河不仅成为南北方的交通大动脉，还促进了南北经济文化的交流。

历史的角落

杨广很有文学天赋

其实，杨广的文学造诣很高，年少的时候他非常喜爱文学，还留下不少美妙的诗篇，其中《饮马长城窟行》中的"肃肃秋风起，悠悠行万里"成为千古名句。在诗歌上，杨广的贡献不小，起到了承上启下的作用。南北朝时期，诗歌尽是靡靡之音，而杨广的诗歌有着大气的阳刚之美，为之后的"盛唐之音"打下了基础。

❧ 隋炀帝三征高句丽 ❧

在隋朝东北地区，有一个比较大的国家，叫高句丽。它的都城在平壤，也叫长安城。

本来这个国家并不大，从汉朝以来就是中原政权的藩属国之一。可是，高句丽的好几个王都很有野心，积极向外扩张，慢慢地就占领了朝鲜半岛的绝大部分地区。

有了实力，野心就更大了。高句丽王不仅不断地试探中原政权，想要脱离中原政权的控制，还时常侵扰中原政权的一些地区。

到了魏晋南北朝时期，高句丽已经迅速发展起来了，不管是领土还是实力都进入了鼎盛时期。于是，它多次趁着中原混乱的时机攻打辽东地区。结果，曹魏政权毫不犹豫地给了它沉痛一击，差点就让它遭受灭顶之灾。高句丽王被吓得再也不敢有所行动，对曹魏政权毕恭毕敬起来。

到了隋朝时，高句丽一跃成为辽东的霸主，于是又开始不安分起来，它勾结突厥人，几次三番地侵犯隋朝的边境。

隋炀帝杨广闻到了危险的气息，自负又崇尚武力的他，怎么能任由这样一个小国屡次挑衅自己！公元607年，杨广率领十余万甲士、十万匹马到东突厥巡游，每一处都故意停留，彰显军队的兵强马壮。

这个时候，高句丽王高元正好派使臣来见东突厥启民可汗，想要密谋什么。启民可汗也被杨广的浩大声势吓到了，立即报告了这件事，还带着高句丽使者去拜见。

杨广一看高元如此不老实，非常生气，愤怒地指责高句丽不守藩礼，还让高元到涿郡去朝见。如果高元去朝见了，那就既往不咎，与启民可汗一视同仁。如果高元不去朝见，那就一定会出兵征讨。结果，高元没有去朝见杨广。

公元612年，杨广亲自率领一百一十三万大军，兵分三路，浩浩荡荡地踏上了征讨高句丽之路。随着杨广一声令下，所有的军队都汇集于涿郡，据说当时大军号称有二百万，旌旗连绵九百六十里，前线部队已经出发四十天了，最后的部队才出发。

杨广还征发无数民夫来运送军需，长期在路上往来的军民有数十万人，挤满了道路，昼夜不停。

这一次征讨，隋兵士气高昂，一路攻破城池几十座，虽然高句丽王也做好了充分准备，但是仍抵挡不住隋军的进攻。隋军所到之处，一路皆胜，所向披靡，直接攻到了辽东城。

然而，在辽东城，隋军却踢到了大铁板，围攻了好几次，都没能攻破。杨广亲自到了前线指挥，但是军队士气已经衰落，围攻了一个多月，也没能把这座城拿下。

杨广也无可奈何了，只好放弃辽东城，直接向平壤城进攻。结果因为孤军深入，补给又跟不上，最后只能选择撤退。

与此同时，从水路进攻的隋军攻到了平壤城外。由于陆军未到平壤，粮食缺乏，很快陷入了困境。再加上军队放松了警惕，一路被高句丽伏兵偷袭，损失惨重，也只能选择撤兵。

第三路隋军，一开始打了几场胜仗，攻破了不少城池。但是士兵们背的东西太多了，长途跋涉根本不堪重负，士兵们只能丢弃大量粮食。这也导致了军队粮草不足，只能撤退。在撤退途中，隋军遭到了突然袭击，三十万大军几乎全军覆没，只有两千七百余人逃了回去。

杨广第一次征讨高句丽，以惨败告终。隋军损失惨重，将近三十多万人战死在异国他乡。但杨广并不甘心，第二年又出征了。

这一次，隋军又攻到了辽东城，隋军总结失败的教训，想出一个好办法：用上百万个布袋装满土，堆砌成一条直通城墙的大道。

可万事俱备，只等攻击之时，杨广的后院起火了——杨素的儿子礼部尚书杨玄感发动了叛乱，洛阳危在旦夕。这下，杨广顾不得攻打高句丽了，只能赶紧撤兵，解决洛阳的危机。于是，第二次征讨也无疾而终了。

又过了一年，杨广第三次征讨高句丽，虽然此时全国各地不断有起义爆发，朝廷内部也是动荡不安，但是杨广依旧一意孤行。一次次征讨，一次次失败，已经让士兵失去了士气，再加上隋朝局势混乱，士兵们根本无心打仗，在集结路上就开始逃亡。

这时，高句丽也已经破败不堪，于是高元便派人前来求和，说要把逃跑投奔高句丽的隋朝将领送回来，还表示愿意入朝朝见。杨广听了很开心，于是，隋军撤退了。

谁知，这只是高句丽王的缓兵之计罢了，等到隋军一撤退，他就反悔了，不愿意去朝见。

杨广本想给高句丽一点颜色看看，结果却损失惨重，还受了骗。他非常生气，还想继续征讨高句丽，但是此时各地纷纷发生叛乱，他就是想出征也无能为力了。

历史的角落

隋朝的兵役制度

国家发生战争，朝廷就要征兵，百姓就要去当兵打仗。隋炀帝杨广多次出征高句丽，军队人数高达百万，当时是不是征兵过度了？

事实上，隋朝的兵役制度并不严苛。北周时期，男子十八岁开始服兵役，六十岁才能免除兵役。后来，杨坚把服兵役年龄改到二十一岁，免服兵役年龄改到五十岁。而杨广把服兵役年龄改到二十二岁，"力役"也由原来的每年一个月改为每年二十天。所以，第一次征讨高句丽，隋军的兵力非常强大，后勤人员也很充足。

威震天下的瓦岗军

隋朝末年，天下大乱，生活在水深火热之中的农民纷纷集结起来，聚众起义。

公元611年，在东郡当法曹的翟让犯了罪，被抓捕入狱，不久就要被处死。翟让这个人平时为人侠义、武功高强，狱吏黄君汉很敬佩他，觉得他不是一般人，就私自放了他。

于是翟让连夜逃到了瓦岗，设立了瓦岗寨，当起了"山大王"。

后来，单雄信、徐世勣也带着同伴来投靠，队伍逐渐扩大。不过，翟让不是一个有志向的人，当初选择在瓦岗寨占山为王，也只是为了逃命，平时也会抢夺过往人员的钱财。

徐世勣劝说翟让："这里是家乡，最好不要在这里抢夺百姓。"翟让觉得有道理，便带领人马到荥阳、梁郡境内，靠抢夺公私船只为生。慢慢地，瓦岗寨的人越来越多，达到了数万人。

一个人的到来，彻底改变了瓦岗寨的格局，这个人就是李密。

李密是一个贵族公子，父亲李宽是隋朝的上柱国。李密从小就文武双全、志向远大，常常以救世济民为己任。他喜好读兵书，从来不吝啬钱财，时常救济亲朋好友，很有名声。

他与杨玄感交好，在杨玄感策划起兵时，献出上、中、下三策，结果杨玄感偏偏选择了下策，落得一个兵败被杀的下场。李密也在潼关被抓捕，好在他聪明机敏，找机会逃掉了。

几经周折后，李密来到了瓦岗寨。有人知道李密是朝廷要犯，担心给瓦岗寨招来祸端，便怂恿翟让杀掉他。翟让没有这样做，只是把他关押起来。

李密通过王伯当向翟让献了计策，说："如今皇帝昏庸，天下大乱，您为什么不像刘邦、项羽那样趁机夺取天下呢？凭借您的雄才大略，夺取洛阳、长安，消灭其他势力，可以说是绰绰有余呀！"

听了这话，翟让对李密佩服得五体投地，不仅释放了他，还委以重任。

在瓦岗寨，李密的才能得以施展，不仅说服了几小股起义军来投靠，还带兵攻下荥阳几座县城，斩杀了大名鼎鼎的荥阳通守张须陀。

李密越来越得人心，不管是才能、功绩，还是声望，都超过了翟让。这让翟让的哥哥和一些亲信感到了威胁，极力劝说翟让尽早除掉李密。可是，翟让并没有这样做，还给了李密一支部队，取名叫"蒲山公营"。

李密的这支部队作战勇猛，军纪严明，受到百姓们的拥护，于是，投靠瓦岗寨的人越来越多。

李密知道，想要成大事，就要笼络人心、聚集各方面力量，而不是躲在瓦岗寨，永远当一个小小的山匪。于是，他建议翟让攻打洛阳附近的兴洛仓，然后开仓放粮，并且说："现在百姓贫苦不堪，您若是散发粮食，谁不愿意归顺呢？"

要知道，兴洛仓可是隋朝最大的粮仓，攻占了这里，不仅可以开仓放粮，还可以断了隋军的军粮补给，可以说是一举两得！

可是翟让并没有多大的志向，他对李密说："我只是农民出身，声望还没达到这个地步。还是您先出兵吧，我在后面做支援，等到夺取兴洛仓后，我们再商议。"

李密率领精兵攻打兴洛仓，士兵们个个都勇猛无比。攻下兴洛仓后，李密立即开仓放粮，让百姓尽情地拿粮食。一时间，受饥挨饿的农民对瓦岗军充满感激，从四面八方涌过来，参加起义军。

随后，瓦岗军打败了前来镇压的隋军，这个时候，李密和瓦岗军的名声已经达到了鼎盛，还得到了秦琼、罗士信等猛将。

翟让非常欣赏和崇拜李密，认为没有李密的筹划，瓦岗寨根本不会有今天。于是，他决定禅让，推举李密当上了新首领。

公元 617 年，李密祭天登位，定年号为"永平元年"，还模仿隋朝设置了三司、六卫。之后，瓦岗军又多次给隋军痛击，还攻下了黎阳仓，控制了中原广大地区，兵力也迅速扩张到几十万之多，成为起义军中最有实力的一支力量。

历史的角落

程咬金是"混世魔王"吗

程咬金，即程知节，年少时很勇猛，善于使用马槊。隋末，他为了防止流寇侵扰百姓，聚集了数百人保卫乡里，后来投靠了瓦岗军。李密非常器重他，任命他为内军骠骑，保护自己的安全。李密兵败后投降了李渊，而程咬金先是投靠了王世充，之后又归降李世民，跟着李世民南征北战，立下了赫赫战功。"混世魔王"只是《隋唐演义》中的文学性演绎而已。

❧ 起兵反隋的唐高祖李渊 ❧

　　李渊出生于长安，父亲是北周显赫的柱国大将军，母亲是北周随国公杨坚的妻子独孤伽罗的姐姐，可以说是家世显赫。

　　只可惜，李渊的父亲死得早，那时李渊才七岁。虽然因为李家的功绩，李渊承袭了唐国公的爵位，但生活境况还是不如从前。

李渊为人豁达，性格开朗，各方面的才能也比较突出。杨坚建立隋朝后，李渊成为杨坚身边的禁卫武官。杨坚很欣赏他，多次对他提拔、重用。

李渊也很有能力，不仅在隋炀帝杨广远征高句丽时负责督运粮草，还在镇压杨玄感的叛乱中立下不小的功劳。

可是，随着杨玄感、李密相继造反，杨广的猜疑心越来越重，看谁都有造反的嫌疑。有一次，杨广命李渊来见驾，却赶上李渊正生大病，不能前往。于是，杨广就问在后宫的李渊的外甥女王氏："你舅舅怎么不来见我？"王氏回答说："陛下，我舅舅生病了。"杨广生气地说："他是病得要死了吗？"

李渊知道这件事以后，越想越害怕，于是行事万分小心，丝毫不敢张扬，还故意贪恋酒色、收受贿赂，自污以求自保。这么做果然有效果，杨广对李渊放松了戒备，还派他去当太原留守。

其实，李渊也是有抱负的，并且对杨广的暴政很不满。在太原，李渊积极地抵抗突厥的进犯，镇压农民起义军，同时也暗中扩大自己的势力，招纳各路英雄豪杰，收降被击败的起义军以及逃亡的人。

在李渊招揽的人中，有两个叫裴寂、刘文静的人，他们早就看准隋朝的天下长不了，心中也有起兵造反的打算。而李渊的次子李世民看到天下反隋的队伍蜂拥而起，也想着说服李渊顺应大势，揭竿而起。几个人一拍即合，定下了起兵造反的计策。

裴寂是晋阳宫副监，他想到了一个办法：把晋阳行宫的几个宫女送给了醉酒的李渊，让她们陪李渊过夜。事后他直接对李渊说："安排宫女侍奉是要杀头的。不过我这样做，是为了您好，就是劝您下定决心起兵啊！"随后，裴寂说了几个人的谋划。

李渊开始时假装不同意，可最后还是答应了起兵。他说："我的儿子确实有这个图谋，事情已经如此，又能怎样呢？只能听从他的意见了。"

公元617年，李渊治下驻马邑的鹰扬校尉刘武周造反，杀死了太守王仁恭，自称天子，还与突厥人勾结在一起，一路烧杀抢夺，攻占了很多州县。

杨广得知消息后大怒，要提李渊到江都治罪。李渊很担心，害怕去了江都就性命不保了。在这危急的时候，李世民说："现在情势紧急，父亲难道还不起兵吗？"周围的心腹裴寂、许世绪等人也纷纷劝说，最后，李渊终于下定了起兵的决心。

接下来，李渊打着防备刘武周和突厥的旗号，派李世民、长孙顺德、刘弘基等人到各地招兵买马，还暗中制造大量兵器、募集大量粮草。

当然，他们的行为也招来忠于杨广的太原副留守王威和高君雅的怀疑，二人想趁机杀掉李渊父子，好向杨广讨要一个大功。幸好有人把这个消息告知李渊，于是李渊便来了一个先发制人，用勾结突厥的罪名把他们除掉了。

公元617年七月，李渊率领三万精兵在太原起兵，还发布了讨伐檄文，痛斥杨广残暴无道、杀害忠良，导致民怨沸腾、民不聊生。李渊的军队因为纪律严明，不抢夺百姓财物，所以被人们拥护，名声大振，吸引了很多农民起义军前来投靠，势力迅速扩大。

很快，李渊就攻入长安。他并没有称帝，而是让杨广的孙子杨侑做了挂名皇帝，还遥尊隋炀帝为太上皇。李渊废除了隋朝的苛刻法令，安抚百姓，所以很得民心。

第二年，杨广在江都被人杀死，李渊这才废了杨侑，自己称帝，建立了唐政权。

历史的角落

李渊起兵是被逼还是自愿

有一些说法认为，李渊是被李世民等人逼迫起兵的。其实，关于晋阳起兵，李渊是决策的首要人物。李世民也参与了筹划，还暗中结交了一些地主官僚、英雄豪杰。李世民多次建议起兵，李渊都拒绝了，是因为他觉得时机未到，不能轻举妄动。直到瓦岗军威逼洛阳，杨广被困江都，李渊才认为时机成熟了，趁势起兵，一举拿下长安。

玄武门流血政变

李渊有二十几个儿子，有名的要数太子李建成、秦王李世民，还有齐王李元吉。这三个人中，李世民的功劳最大。

因为平定天下的几场仗，几乎都是李世民打的，可以说战功赫赫，无人能比得上。

虽然李建成被封为太子，然而，论战功，他比不上李世民；论才能，他也不如李世民。于是，李建成的心总是悬着，对李世民很是忌惮。再加上李世民手下还有一大批人才，文有房玄龄、杜如晦等，武有尉迟恭、秦叔宝、程咬金等。李建成寝食难安，整天都担心李世民威胁到自己的太子之位。

于是，他便暗中联络弟弟李元吉，还与李渊的几个宠妃勾结，处处排挤、陷害李世民。

公元 626 年，突厥郁射设突然带领数万骑兵进犯唐朝边境，还包围了乌城。消息一传到长安，李建成就认为除掉李世民的好机会来了。他向李渊建议让李元吉代替李世民出征，李渊也接受了这个建议。李元吉则趁机请求让尉迟恭、程咬金、秦琼等人与自己一同出征，不仅拿到了兵权，还带走了秦王李世民帐下的精锐将士。

随后，李建成与李元吉在东宫密谋，李建成说："现在你已经兵权在握，等到我们在昆明池为你饯行时，暗中把李世民杀死，就说他是暴病身亡。我再趁机逼迫父皇把国家大事交给我，到那时还有人不臣服吗？"

李建成认为这个计划天衣无缝，便得意起来。他没想到，李世民的眼线早就把消息告知了李世民。

李世民的心腹谋臣长孙无忌等人劝李世民先发制人，可李世民还顾念着兄弟情谊，他叹息一声，说："兄弟相残，是很大的罪恶。我打算等他们动手了，再去对付他们。"

尉迟恭着急地说："您现在不动手，就是白白等死！现在我们誓死跟随您，难道您就对得起我们、对得起宗庙社稷吗？如果秦王不听我的劝，我只能离开了，我不愿意坐以待毙。"

长孙无忌也说如果李世民不听劝，自己也会随着尉迟恭等人离开，然而李世民还是有些犹豫，说："还是再商议一下吧！"

见李世民如此犹豫，尉迟恭直接说："遇到危难，您不能决断，是不明智的。况且现在秦王府的勇士已经在外面待命，准备大干一场，您怎么能控制住呢！"

就这样，李世民终于下了决心，决定先发制人，并与众人制订了行动计划。

7月1日，李世民向李渊密告，说李建成、李元吉与后宫的嫔妃淫

乱，还说他们多次谋害自己。李渊非常惊讶，让他们三人第二天一起进宫对质。第二天，李世民与长孙无忌、尉迟恭、侯君集等人入朝，并在玄武门埋下伏兵，等着李建成、李元吉到来。

很快，李建成、李元吉来了，可还没到玄武门就发现了异常，二人立即掉转马头，准备返回。李世民立即从玄武门出来，跟在后面喊道："太子殿下，不要走！"

李元吉转身就拉弓射箭，想杀死李世民，可是他太紧张了，连续拉了三次弓，都没有将弓拉满，箭没有射中。李世民却抓住了这个机会，一箭就把李建成射死了。紧接着，尉迟恭带领骑兵赶来了，一箭把李元吉射下马来，李元吉想快步跑入武德殿寻求父皇庇护，但尉迟恭快马追上他，放箭将他射死了。

李建成和李元吉的手下很快收到了玄武门出事的消息，立即率领精锐兵马赶到，与李世民的人马大战了起来。但他们看到李建成和李元吉的首级后，马上失了斗志，迅速溃散了。

与此同时，尉迟恭穿着铠甲、手拿兵器，带着一众士兵赶到了皇宫，向李渊禀告："太子和齐王发动了叛乱，秦王已经诛杀了他们。秦王担心陛下受到惊吓，特意派臣来护驾！"

李渊大惊失色，一下不知道怎么办是好了，只能询问身边的裴寂、萧瑀和陈叔达。萧瑀等人则说："太子和齐王嫉妒秦王，设计陷害。现在秦王已经把他们声讨并诛杀了，秦王功盖宇宙，天下归心，陛下不如立秦王为太子，把国事交给他，就不会有什么事端了。"

李渊见形势到了这个地步，也只能听从众人的建议。没过多久，李世民被册立为太子，全权处理大小事务。就在这一年，李渊传位给李世民。

李渊禅位是被逼迫的吗

玄武门之变后，没过几天，李渊就亲笔写下诏书，说："我应该加上太上皇的尊号。"表达了自己想要禅位的想法。不过，关于这次禅位，史书上有两种说法：一种说法是李渊被迫禅位，尉迟恭身穿铠甲、手拿长矛冲到李渊面前，名义上是护驾，其实是逼迫李渊退位；一种说法则是李渊主动禅位，因为李建成已死，只有李世民能担当大任。

李世民的"贞观之治"

李世民是唐朝的第二位皇帝，也是中国历史上的一位英主。

公元627年，也就是李世民继帝位的第二年，改年号为"贞观"，之后也开启了他"贞观之治"的盛世局面。

从隋朝的灭亡，李世民看到了百姓的力量，也认识到民心所向对于一个君主和国家的重要性。于是，李世民把杨广当成反面教材，时刻用来警醒自己和朝中文武大臣。

李世民认为君主和百姓就是"舟"与"水"的关系，还时常对身边的人说："君主就好像是舟，百姓就好像是水。水能载舟，也能覆舟啊！"他是这样说的，也是这样做的。他不仅减轻了农民的赋税劳役，还克制自己的欲望，要求自己、嫔妃和大臣们都厉行节俭，杜绝奢侈。

几个大臣认为新君登基，应该建造一座新的宫殿，谁知道，李世民想也没想就拒绝了。大臣们以为皇帝只是客气客气，于是就再三提出请求。这个时候，李世民搬出了汉文帝的故事，还说："修建宫殿耗费的财物太多了，耗费民脂民膏，绝不是为人父母之道。"这才让那些大臣们不再提此事。

李世民还下令破除了厚葬的陈规旧俗，规定陪葬的物品不能有金玉、贵重的器皿，要求一律从简。

从太原起兵的时候，李世民就喜欢招揽人才，不管对方什么身份，只要有德有才，他就予以重用。当了皇帝后，李世民更重视人才了，他按照秦王府文学馆的模式，设立了弘文馆，面向天下招揽各种人才。他还不计前嫌，重用了李建成的旧部魏徵等人，赦免了李建成、李元吉的大部分旧部。

李世民听说魏徵多次劝李建成尽早把自己除掉，就质问他："你为什么要离间我们兄弟的感情？"魏徵毫不畏惧地回答："太子要是按照我的说法去做，就没有今日的祸端了！"听了这话，李世民不仅没生气，还任用魏徵为詹事主簿。

除了魏徵，李世民还重用了房玄龄、杜如晦、长孙无忌、褚遂良等廉洁有才的人，以及从瓦岗寨、王世充那里投降来的尉迟恭、秦琼等人。一时间，朝廷内人才济济。

李世民是一个知人善用的人，也是一个善于纳谏的人。

他深知，治理一个国家只靠君主是不行的，如果没有忠臣贤吏的辅佐，不能国泰民安。所以，他时常以杨广拒绝纳谏告诫自己，还对大臣们说："人要照自己的面孔，需要明镜；国君要了解自己的错误，也需要忠臣。如果国君自以为是，大臣只知道奉承献媚，那么国君就会失去国家，大臣也不能保全了。"

所以，当魏徵和他说"兼听则明，偏听则暗"时，李世民是非常赞同的，还特别要求大臣们要敢于进谏，不要因为怕惹怒君主而三缄其口。

有一天，李世民怒气冲冲地对长孙皇后说："我总有一天要杀掉那个乡下佬！"

长孙皇后问是谁，李世民愤怒地说："还不是那个魏徵，他经常当众刁难我，让我下不了台！"

听了这话，长孙皇后连忙向太宗道喜说："古人说'君明臣直'，魏徵正直，说明陛下您英明啊！所以我特意向您祝贺！"李世民听了这话，不仅不生气了，还感到非常高兴，之后更愿意听魏徵的劝谏了。

正因为李世民乐于纳谏，所以朝廷上多了一大批敢于进谏、乐于进谏的大臣。这让李世民少犯了很多错，也让大臣们心甘情愿地为朝廷效劳。

与此同时，李世民也非常重视科举，增加了考试的科目，让天下有才干的寒门子弟都能展示才华，为国效力。有一次，李世民亲自到科举现场察看，看着一个个学子进来，他高兴地对身边的人说："天下的英才都被我收在囊中了！"

他积极地兴校办学，在长安设立了国子监、太学，还时常亲自到太学视察。当然，这也吸引了很多学子前来，就连高句丽、新罗、吐蕃的子弟都慕名前来，让长安成为当时最大的文化教育中心，也挤满了各个国家的人才。

李世民还十分重视法治，他曾经对大臣们说："法律不是帝王一家之法，是天下人都必须遵守的法律。所以，治理国家，一切都必须以法为准。"但是，在量刑方面，他却坚决反对过重的刑罚，因为他认为"人死了不能再活"，执法必须宽大简约。所以，当时的法治情况很好，犯法的人很少，社会非常稳定。

历史的角落

"小鸟依人"说的是男人

李世民曾经点评过身边的大臣：长孙无忌机警敏锐，但不善于带兵打仗；高士廉临危不惧，但是缺乏直谏的勇气。点评褚遂良的时候，李世民则说："他很有学问，为人刚正，对我也很忠心，就好像飞鸟依人一样，我很怜爱他。"本来李世民使用"飞鸟依人"来夸赞褚遂良的品性，没想到，传着传着就变成了"小鸟依人"，用来形容女孩子了。

◦ 流传千古的和亲佳话 ◦

唐朝之前，吐蕃和中原几乎没什么联系，因为它离中原实在太远了，而且还长期处于分散、混乱的状态。

不过，一个年轻有为的少年成为吐蕃的赞普，统一了西藏，还让吐蕃强大起来。他就是松赞干布。

松赞干布很早就听说了唐朝，对这个强大的国家充满了向往和崇拜，于是便派了使者冯德遐来到长安，表达自己愿意交好的请求。听说突厥和吐谷浑都迎娶了唐朝公主，于是松赞干布也欣然地送上了重礼，希望能迎娶一位唐朝的公主。

不过，李世民却拒绝了松赞干布，冯德遐只能灰溜溜地回到了吐蕃。他担心受到责罚，便说起谎来："我刚去长安的时候，人家对我非常热情，准备嫁给您一位公主。但是吐谷浑却在其中挑拨离间，所以唐朝才拒绝了您。"

松赞干布很不服气，把气撒在吐谷浑身上，发兵把吐谷浑打得逃到青海之上。为了让唐朝看得起自己，他还发兵攻打唐朝的松州，嚣张地宣称："要是不答应我的求婚，我就大举进攻唐朝。"

结果，唐军战斗力强大，松赞干布败了。但是，李世民不再小看吐蕃。吐蕃战败后，松赞干布遣使谢罪，又派出宰相禄东赞，让他带着黄金五千两，以及其他珍宝来到长安致礼。这一次，执着的松赞干布还是没有放弃求亲，再一次提出了迎娶公主的请求。李世民答应了松赞干布，决定把文成公主嫁给他。

公元 641 年，文成公主在江夏王李道宗的护送下，一路向西行，经过了倒淌河、日月山，来到了黄河源头附近的柏海。这个时候，松赞干布的迎亲队伍早已经在这里等候，他热情地招待了李道宗，并且行了子婿之礼。

很快，文成公主与松赞干布回到了吐蕃，松赞干布激动地对亲近的人说："我的祖先从来都没有与大国通婚过，我今天能娶到大唐的公主，实在是太幸运了！我要为公主修建一座宫殿，让后代好好地来观看。"松赞干布说到做到，真的为文成公主筑城邑、立宫殿，这座宫殿就是今天的布达拉宫。

松赞干布对文成公主很宠爱，为她改掉了赭面的习俗，还脱掉毡裘，改穿绢绮，跟着文成公主学习中原文化，还派吐蕃的贵族子弟到长安去读书。

文成公主也把中原文化带到了西藏，因为她信奉佛教，所以带了很多经书和佛像进入吐蕃。为了传播佛法，文成公主还建造了大昭寺。大昭寺建成后，文成公主与松赞干布非常高兴，亲自到寺庙外栽插柳树，留下了一棵棵生命力旺盛的"唐柳"。

原本吐蕃人是不会种植的，是文成公主带来了五谷的种子以及各种菜籽，教会了吐蕃人种植这些农作物。现在藏族人喜欢吃的青稞，就是由文成公主带过去的小麦变种而来的。

历史的角落

金城公主和亲

文成公主远嫁吐蕃之后，唐朝与吐蕃达成了"舅甥之盟"，彼此交好了很长时间。但是，到了唐高宗时期，吐蕃对唐朝不再友好，还多次侵犯唐朝边境。唐中宗时期，唐军大败吐蕃军，于是，吐蕃赞普尺带珠丹开始向唐朝示好，带着重礼来求娶唐朝的公主。唐中宗把宗室女金城公主嫁给了他，继续巩固唐朝和吐蕃之间的友好关系。

中国历史上唯一的女皇帝

唐朝有一个开国功臣叫武士彟，他有一个女儿，姿容出众，到了十四岁时，更是因为才貌名满长安。

李世民听说了这个女子，就把她纳入宫中，封为五品才人，赐号"武媚"。

武媚虽然年纪小，可见识不一般。

女儿要进宫了，母亲杨氏很舍不得，哭哭啼啼的。武媚劝解说："我进宫侍奉天子，是天大的福气，母亲怎么能哭呢？"

李世民得到一匹马名叫"狮子骢"，肥壮任性，没有人能驾驭得了。这个时候，在一旁伺候的武媚对李世民说："我能制服这匹烈马，但是需要三件器物：一是铁鞭，二是铁棍，三是匕首。用铁鞭来鞭打它，如果不能驯服，就用铁棍来敲击它的头，如果再不能驯服，就用匕首割断它的喉咙。"一番话，听得李世民震惊不已，夸赞她有英武的志气。

公元649年，李世民驾崩，李治登上了皇位，是为唐高宗。作为李世民的才人，武媚不得不到感业寺出家为尼，过了一段苦日子。可很快，她就又进宫了。

第二年，李治到感业寺进香，遇到了武氏，其实，李世民还在世的时候，两人就认识了，而此时看着外貌仍旧出众的武氏，李治不由自主地喜欢上了她。

等到李治孝期一满，就想把武氏召进宫。不出意外，这个想法遭到满朝文武的反对，一些大臣进言："纳先皇的才人入宫，有悖礼法。"可是，李治一意孤行，武氏很快就被接回宫，还生下了长子李弘，她被封为二品昭仪。

李治对武氏极为宠爱，王皇后对她也不错，希望能联合她一起打击自己最大的敌人萧淑妃。可是，王皇后没想到，灾难第一个落到自己头上。

公元654年，武氏为李治生下一个女儿，孩子刚一个月大的时候，王皇后来探望，离开后，武氏的女儿就死了。相传，是武氏趁着没人，狠心地把女儿给掐死了，还嫁祸给王皇后，之后伤心欲绝地对李治说："陛下，我们的女儿还这么小，皇后怎么就忍心下狠手呢！"

李治听到王皇后竟然如此恶毒，非常愤怒，丝毫不给她辩解的机会。王皇后就算是有满心的委屈，也不知道向谁说。

李治想要破格把武氏升为一品妃子，然而，当时四夫人已经满额，不能再加封了。李治为了武氏，竟然特意创了一个封号——宸妃。结果，因为大臣的反对，这件事也不了了之。

李治又想废掉王皇后，改立武氏为皇后。然而，朝中的一些老臣，包括长孙无忌、褚遂良等人都反对，君臣因为这件事闹得不可开交，谁也不肯让步。

正当僵持不下之时，另一位老臣李勣说了一句话："这是陛下的家事，何必又费心问外人的意见呢？"

这就使李治在废立皇后的问题上的不利局面一下扭转过来。于是李治下诏书将王皇后和萧淑妃废为庶人，立武氏为皇后。

武氏成为皇后，野心也表现出来，时常参与处理国家大事。后来，李治生病，经常头晕目眩，不能正常处理政务。于是，便让武氏处理朝政，每当李治理政，她都坐在帘子后面，大事小事无不过问，再后来，她甚至建议李治使用"天皇"称号，自己则称为"天后"。

李治病逝后，李显当上了皇帝，武氏被尊为皇太后。然而，武氏却没给李显什么权力，处处都让他受制于自己，甚至多次想要废掉他。后来，武氏将李显废黜为庐陵王，转立四子李旦为帝，自己则仍临朝称制。

公元 690 年，武氏让人对天下人宣称："天后是弥勒佛转世，应该成为天下的主人！"很快，她自立为圣神皇帝，改国号为周，成为中国历史上唯一的女皇帝。

历史的角落

武则天与无字碑

公元 705 年 11 月，武则天去世，葬于乾陵。临死前留下遗愿：除去帝号，做回"则天大圣皇后"；把牌位放到李唐的宗庙之中；与李治合葬在一起。乾陵前并立着两块巨大的石碑，东侧的就是武则天的无字碑。其实，无字碑的阳面刻满了排列整齐的方格，这些方格就是为了刻碑文用的。专家推测，可能是李显重登皇位后，既不想对母亲发泄愤恨，也不愿意对其歌功颂德，所以就没让人刻任何字。于是，就有了这"无字碑"。

❦ 大器晚成的宰相 ❦

唐朝有很多有名的宰相，其中最具有传奇色彩的当属张柬之。

年轻的时候，张柬之读了很多书，考中进士后，希望能为朝廷出力。可是，他一直没有被重用，只做了县丞之类的小官。

公元689年，朝廷举行了一场选拔贤良人才的考试，张柬之从一千多人中脱颖而出，拿到了第一名。只是，这一年，他已经六十四岁了。

后来，张柬之被提拔为监察御史，因为才能出众，受到了狄仁杰的赏识。有一天，武则天问狄仁杰："你有没有才华出众的人可以推荐？"

狄仁杰回答说："陛下如果求文章、资历，那么宰相李峤、苏味道就足够了。难道是因为文人太拘泥于小节，不足以共同商议天下大事吗？"

武则天点头称是之后，狄仁杰立即说："张柬之虽然年老，却是宰相之才。陛下重用他吧，他肯定会为国家尽心竭力。"

很快，武则天就提拔了张柬之，但只是让他当洛州司马，并没有任他为宰相。

过了一段时间，武则天又求才，狄仁杰则说："我推荐了张柬之，您没有用他呀。"

武则天说："我已经提拔他了。"

狄仁杰却说自己举荐的是宰相之才，不是司马。于是，武则天又提拔了张柬之，然而还是没让他做宰相，只是任命为秋官侍郎。直到姚崇出任外官，宰相出现了空缺，武则天才因为姚崇的推荐，任命张柬之为宰相。

张柬之和狄仁杰一样，都是心怀李唐的，一心支持李显继承帝位。

狄仁杰死后，这个重任也就落在了张柬之身上。

公元705年正月，武则天病重，宠臣张易之、张昌宗想要把持朝政，还暗中陷害李显和一些忠心于李唐的大臣。

张柬之知道，若是不尽早除掉二人，恐怕后患无穷。于是，他便与中台右丞敬晖、司刑少卿桓彦范等人谋划杀掉张易之、张昌宗二人。为了保险起见，他还找到了右羽林卫大将军李多祚，问道："将军今日的荣华，是谁给的？"

李多祚流着眼泪回答："是高宗大帝给的。"

张柬之又说："现在大帝的儿子被恶人威胁，难道将军不想报答大帝的恩德吗？"

李多祚指天发誓说："只要对国家有利，我一切都听您的安排。"之后，众人就一起定下了铲除张易之和张昌宗的计谋。

不久，张柬之、桓彦范等人率领五百余名羽林兵来到玄武门，并派李多祚去东宫把李显迎接过来，斩断门闩闯进了宫。

这个时候，武则天正在迎仙宫，张柬之等人不由分说地斩了站在走廊里的张易之和张昌宗，然后进入武则天居住的长生殿，让侍卫围住了她。

武则天震惊地坐了起来，问道："是谁作乱？"

张柬之回答："张易之、张昌宗阴谋造反，我们已经奉太子的命令把他们杀掉了。因为担心走漏消息，所以没有向您禀告。在皇宫禁地诛杀逆贼，让陛下受到惊吓，臣等罪该万死！"

武则天看到李显也参与其中，生气地问："这是你的主意吗？那二人已经被诛杀，你就回东宫去吧！"这个时候，桓彦范站出来请求："当初天皇把心爱的太子托付给陛下，现在太子年纪已经大了，请您将帝位传给太子，以顺应天意民心。"武则天见情势已经无法逆转，只能答应了张柬之等人的要求。

两天后，李显重新登上帝位，复国号为唐，恢复大唐的典章制度。张柬之等人立下了大功，也得到了封赏和重用，张柬之为汉阳郡王、敬晖为平阳郡王、桓彦范为扶阳郡王、袁恕己为南阳郡王、崔玄暐为博陵郡王。所以，这次"神龙政变"也被人们称为"五王政变"。

然而，张柬之却没有风光多久，仅仅一个月之后，就因为武三思的排挤和陷害，被免去了宰相的职务。

张柬之知道自己不能再留在京城了，于是请求回老家襄州养病。可是，李显并没有答应，只是任命他为襄州刺史。就算被贬，就算年事已高，张柬之还是兢兢业业，带领百姓一起筑堤，抵抗洪水。

但武三思并没有放过他，不断向李显进谗言。李显把他一贬再贬，最后还把他流放到了泷州。这个时候，他已经八十二岁。

张柬之再也经不起身体和心理的折磨了，很快就忧愁愤懑而死。

历史的角落

唐朝的玄武门竟然发生四次政变

因为玄武门是长安城至关重要的大门，地理位置好，是控制太极宫的制高点，所以唐朝的四次政变都发生在这里。第一次，公元626年，李世民发动政变，杀掉了李建成和李元吉；第二次，公元705年，张柬之等人发动政变，逼迫武则天退位；第三次，公元707年，李重俊杀掉武三思，围攻了玄武门；第四次，公元710年，李隆基联合太平公主攻入玄武门，杀死了韦后。

大伤元气的安史之乱

李隆基诛杀了韦后和安乐公主以及她们的一众党羽，当上了皇帝，就是人们熟知的唐玄宗。

他很有才能，选拔了一些出色的人才，包括姚崇、宋璟、张九龄等，又推行了一系列有效的为政举措，不但理顺了韦后乱政之后的混乱局面，还让唐王朝达到了鼎盛。

但是，李隆基在为政后期就变得懈怠了，没有了之前的励精图治，也忘了曾经的节俭，好像换了一个人似的。他开始喜欢享乐，大肆挥霍金钱，压榨百姓。

公元 736 年，李隆基想从洛阳回长安，当时正是秋收时节，宰相张九龄就劝说："现在秋收还没有结束，陛下出行，恐怕会骚扰到百姓，影响生产。"

善于巴结的李林甫却说："长安和洛阳都是陛下的宫殿，您想什么时候回就什么时候回，难道还要受限制吗？耽误秋收，有什么大不了的，免了他们的税收不就好了！"李隆基一听，正合自己的心意，便什么也不顾，浩浩荡荡地回长安了。

李隆基还越来越贪恋美色，从各地大肆网罗美女。他听说儿子寿王李瑁的妃子杨玉环绝美，竟然不顾伦常，强行把她从儿子手里抢了过来，封为贵妃。

杨贵妃不仅姿色无双，还懂音律，擅长跳舞，所以李隆基对她非常宠爱。为了讨她的欢心，李隆基不惜建造华丽的宫殿，让几百人为她做衣服。杨贵妃喜欢吃荔枝，李隆基专门让人从几千里之外的岭南快马加鞭地送新鲜的荔枝来。这才有了大诗人杜牧的"一骑红尘妃子笑，无人知是荔枝来"。

一人得道，鸡犬升天。杨贵妃得宠了，她的哥哥杨国忠也开始平步青云，还有她的姐姐们以及其他兄长也是能封赏的有了封赏，能做官的做了高官。

李隆基只想着与杨贵妃纵情享乐，根本没有心思考虑朝廷的事情，

干脆把朝政交给李林甫和杨国忠全权处理。一时间，朝廷上下结党营私，贪污受贿，混乱不堪，百姓更是怨声载道。

这就让安禄山有了可乘之机。

安禄山是个混血的胡人，外表看上去忠厚，但是生性狡诈凶狠。

公元744年，安禄山当上了范阳节度使，之后想办法贿赂李林甫以及朝中大臣，让李隆基对自己越来越信任。后来，他还认杨贵妃为母，成了她的干儿子，平时进宫朝见，也是先拜望杨贵妃。李隆基觉得奇怪，问他为什么，他则回答："我们胡人都是把母亲放在前头。"听了这话，李隆基就更高兴了。

安禄山受宠，又暗地准备叛乱，让右相杨国忠感到了威胁，便多次对李隆基说安禄山要叛乱，还让李隆基召他进京，说安禄山肯定不敢来。

谁知道，安禄山竟然来了，还趁机向李隆基哭诉："我是胡人，陛下越级提拔我，所以杨国忠才想要杀我！"这之后，李隆基更信任安禄山了，谁要是说安禄山要造反，李隆基肯定会大发雷霆，还会把他捆绑起来送交安禄山。

而安禄山一边贿赂朝中的大臣为自己说好话，一边暗中贮藏兵器，从军队中选拔自己的心腹。公元755年，安禄山起兵叛乱，诈称奉皇帝的旨意讨伐逆臣杨国忠，率领十几万大军一路向着长安杀过来。

当消息传来的时候，李隆基依旧不相信，说这些人是在陷害安禄山，还说要严惩他们。直到几天后，李隆基才相信安禄山确实造反了，这个时候，安禄山已经攻下了太原，直逼洛阳。

李隆基急忙召集军队反击，然而，人们已经过惯了平安日子，几代人没有见过战争了，一听到要打仗，早就吓得心惊胆战，根本抵挡不住安禄山的精锐部队。很快，洛阳失守，长安也危在旦夕，李隆基只能带着杨贵妃、皇子皇孙以及亲近的人逃出了长安城。

走到马嵬坡，愤怒的士兵们再也忍受不了了，杀死了杨国忠，还逼迫李隆基赐死杨贵妃。虽然李隆基万分不舍，但也只能忍痛绞死了自己最宠爱的妃子。

后来，李隆基一路逃亡到了成都。而大唐也陷入混乱之中，"安史之乱"使得唐朝人口大量丧失，国力锐减，元气大伤。唐朝由盛而衰。

历史的角落

安禄山是怎么死的

安禄山宠爱幼子，引发晋王安庆绪不满。由于身体肥胖，安禄山常年长疮疖，晚年失明后更加暴躁烦乱，动辄使用刑罚，连身为谋主的大臣严庄也遭鞭棍抽打。严庄于是和安庆绪合谋，准备伺机杀掉安禄山。一次，安禄山感到身体不舒服，早早回营帐休息，严庄让安庆绪站在营帐外，自己握着刀带着宦官李猪儿一起走进安禄山的营帐，李猪儿挥起大刀砍死了安禄山，然后在床下挖了个好几尺深的洞穴，用毛毯包着安禄山的尸体埋了。严庄对外宣告安禄山传位给晋王安庆绪，尊称安禄山为太上皇。

唐末的农民起义

"安史之乱"后，唐王朝虽然又维持了一百多年，也出现了几次中兴，但因为藩镇力量的强大以及宦官的专权，早已是苟延残喘。

　　到了唐僖宗时期，情况就更糟糕了，皇帝成为宦官的傀儡，君不君，臣不臣，再加上贪官污吏为所欲为，肆意地压榨、残害百姓，无数人流离失所，民怨沸腾。

　　屋漏偏逢连夜雨，这个时候，全国各地水、旱灾害频发，，百姓收不到一粒粮食，饿死的人数不胜数。天下百姓，几乎没有一点活路。

　　于是，农民们揭竿而起，起义军的声势非常大，黄巢也是其中之一。

　　黄巢是一个盐商的儿子，从小就喜欢读书，也很有诗才，还精通剑术和骑射。他本来很有抱负，想通过科举步入仕途，可惜几次都没能中第。

　　黄巢对朝廷越来越失望，于是聚集数千人发动了起义，并且立下誓

言，一定要推翻破败的唐王朝。

黄巢的起义大旗一举起来，周围贫苦的农民就纷纷加入进来，使得队伍迅速扩张，短短几个月就达到了数万人。接下来，黄巢和王仙芝会合，队伍声势更加浩大。他们转战山东、河南、湖北等地，一路攻下了很多州县，打得唐军节节败退。

眼看着黄巢和王仙芝的起义军声势越来越大，人数已经达到了三十多万人，唐僖宗和文武大臣彻底慌了，坐立不安、夜不能寐。这个时候，唐僖宗想到一个好办法：招安。于是，他大张旗鼓地封王仙芝为"左神策军押牙兼监察御史"。

面对高官厚禄的诱惑，王仙芝动摇了，打算接受招安，放弃与朝廷作对。

黄巢恨朝廷没有赏赐自己，就斥责道："你曾经和我一起立下誓言，推翻朝廷的暴政，现在却想要独自当官，让我手下这些士兵怎么办？"说完就出拳愤怒地向王仙芝打去。王仙芝见黄巢如此激动，义军强烈反对，也就没敢再提接受招安的事情。

接下来，两人就分开了，黄巢回到了山东，王仙芝留在了湖北，二人各自继续与唐军作战。

公元878年，王仙芝兵败被斩杀，手下的一部分士兵投靠了黄巢。黄巢自称"冲天大将军"，离开山东，一路南下，从黄淮流域打到长江下游一带，之后又攻下广州，打算将广州作为反抗唐朝统治的根据地。

可不幸的是，恰逢疫病流行，很多士兵染上了疫病，起义军伤亡惨重。黄巢知道在广州很难发展下去，于是就积极地招兵买马，挥师北上，一路进军到江浙一带。

消息传到朝廷，唐僖宗万分震惊，急忙调兵遣将，想要利用长江天险把起义军拦下来。黄巢的起义军实在太英勇了，一路势如破竹，很快就攻破了洛阳，直逼长安城。唐僖宗见情势危急，连忙带着一众嫔妃、官宦出逃。

公元 880 年，起义军占领了长安，建立了新政权，黄巢当上了皇帝，定国号为"大齐"。

然而，新政权建立后，黄巢被胜利冲昏了头脑，并没有乘胜追击，而是开始享受起来。这给了唐僖宗喘息的机会，导致了农民起义军的失败。

历史的角落

黄巢五岁赋诗

黄巢五岁时的一天，家人一起赏菊，祖父提议为菊花连句，可祖父半天也想不出来，黄巢随口就说："堪于百花为总首，自然天赐赫黄衣。"父亲责怪他口出狂言，犯了忌讳。祖父说："他能诗，但不知道轻重，可以命他再写一篇。"黄巢又道："飒飒西风满院栽，蕊寒香冷蝶难来。他年我若为青帝，报与桃花一处开。"

朱全忠篡唐建立后梁

朱全忠的本名是朱温。

朱温的祖父和父亲虽然没当过官，在乡里却很有名望。他的父亲去世早，家中贫困，无以为生。母亲只能带着他们兄弟三人寄居在地主刘崇家当佣工。可朱温并不甘心做佣工，平时也不好好干活，自诩是英雄豪杰，乡里多数人对他很反感。

后来，黄巢揭竿起义了，朱温和哥哥一合计，便加入了起义军。他作战勇猛，又善于动脑，立了不少战功，也受到了黄巢器重。黄巢称帝的时候，他已经是战功赫赫的将领，自然也得到了不少封赏。

但好景不长，唐军迅速反扑，起义军连连溃败。朱温认为起义军大势已去，于是毫不犹豫地转变了阵营，杀了曾经一同作战的战友，率领部众投降了唐军。唐僖宗见朱温如此识时务，高兴万分，说："这就是上天赐给我的上将啊！"随即，唐僖宗封朱温为左金吾卫大将军，还赐名"全忠"。

之后，朱温的确表现得十分"忠心"，卖力地讨伐起黄巢来。他联合各路唐军，一起围攻长安，很快就把黄巢逼出长安。之后，他又转战各地，一边追剿起义军，一边劝降那些意志不坚定的将领，战果颇丰。

公元884年，黄巢在兵败逃亡途中被官兵杀死。此时，浩浩荡荡的起义军已经是强弩之末，只有少数残部在各地坚持，成不了什么气候了。于是，唐僖宗封朱温为沛郡侯，享有一千户食邑。

然而，享受着无限风光的朱温并没有继续效忠唐朝，反而开始图谋壮大自己的势力，企图有朝一日取代唐朝。他很聪明，知道此时自己的实力弱，于是便找了两个靠山：一个是郓州节度使朱瑄，一个是兖州节度使朱瑾。朱温不仅给他们送去厚礼，还利用同姓来攀关系、献殷勤。

虚伪的朱温并不会真心对待两人。等到自己实力扩大的时候，他就立即变脸了，带兵突袭郓州、兖州，还斩杀了朱瑄一家老小。

朱温为人非常残暴，为了让士兵们冲锋陷阵，还定下了一个非常严苛的规定——跋队斩。所谓的"跋队斩"，就是每次作战的时候，如果将领战死了，那么这位将领部下所有士兵就会通通被杀掉。他还在士兵们的脸上都刻上字，如果发现有私自逃跑的人，一律处死。

公元900年，宦官刘季述幽禁了唐昭宗，立太子李裕为帝。不过，宰相崔胤与护驾都头孙德昭很快就废掉了李裕，重新拥护昭宗登上了皇位。因为朱温与崔胤等人的关系非常好，他被封为东平王。

没过多久，韩全诲等宦官又发动了政变，把昭宗劫持到了凤翔，与节度使李茂贞等人想要效仿曹操"挟天子以令诸侯"，把昭宗变成了自己的傀儡。

这又给了朱温机会。他带兵打败李茂贞，除掉了韩全诲等人，还把昭宗迎回长安。这个时候，朱温成为挟天子的人，简直是权倾朝野。昭宗也深知自己的境遇，为了保住性命，不得不对朱温唯命是从，还说："我的性命是你救的，大唐社稷也是你救的，你就是大唐的再造之主啊！"随即，昭宗封朱温为梁王，并加赐"回天再造竭忠守正功臣"的荣誉头衔。

朱温的野心越来越大。他把昭宗接到洛阳，还把长安的百姓都迁到洛阳，甚至拆毁长安的宫室、房屋，在洛阳建造宫殿。他撤掉了昭宗身边的人，安插上自己的人，让昭宗成为真正的孤家寡人、案板上的"鱼肉"。

公元904年八月，他指示左龙武统军朱友恭、右龙武统军氏叔琮及蒋玄晖等人杀掉了昭宗，然后立李柷为帝。

紧接着，他开始把矛头对准李氏宗室，以及那些效忠唐朝的大臣。在他看来，这些人就是自己称帝的最大威胁。他不仅残忍地杀害了昭宗的九个儿子，还屠杀了很多文武大臣。

朱温的谋士李振，早年科举屡试不中，因此非常痛恨衣冠大族和科举出身的朝臣，极力主张将这些人全部杀掉。朱温听取了他的意见，在滑州白马驿一举屠杀了以裴枢为首的朝臣三十多人。李振还不解恨，对朱温说："这些人总是自称清流，那就把他们投入黄河，让他们变为浊流！"听了这话，朱温大笑，随即命人把这些人的尸首投入了黄河。

这个时候，朱温已经迫不及待地想要当皇帝了，密令心腹蒋玄晖和柳璨等暗中谋划。蒋玄晖和柳璨劝其先封大国，再加九锡、受禅。朱温气急败坏地拒绝了。

公元907年，朱温正式称帝，建立了大梁，史称后梁。

历史的角落

心胸狭窄的朱温

节度使李克用在镇压黄巢起义中立下了不小的功劳，他曾经和朱温并肩作战。一天，朱温设下宴席款待李克用，谁知道这竟然是"鸿门宴"，因为朱温怕李克用的功劳超过自己。朱温趁李克用酒醉，派兵围攻，却因李克用和他的部将十分英勇而僵持不下。于是，朱温想用火烧死李克用，结果天降大雨，李克用才侥幸保全了性命。

柏乡大战

朱温称帝后，把那些割据势力视为眼中钉、肉中刺，整天想着如何剿灭他们，好实现统一中原的愿望。

此时，中原颇有实力的割据力量有晋王李存勖、赵王王镕、燕王刘守光、义武节度使王处直等，其中李存勖的实力最强。朱温与李存勖因为李存勖的父亲李克用而有很深的过节。

各方势力都急于扩大势力，想方设法争夺更多的地盘。朱温和李存勖之间的矛盾更深了。朱温决定先下手为强，除掉李存勖。想要除掉李存勖，第一步就得先除掉王镕和王处直。

公元 910 年十一月，卢龙节度使刘守光带兵占领了涞水，还想进一步攻占定州。朱温对王镕说："我来帮你们对抗刘守光吧！"于是，派杜廷隐等人带兵进驻深州和冀州。大兵压境，王镕怎么可能察觉不到朱温的险恶用心呢？为了自保，他立即向李存勖寻求帮助。

这个时候，王处直也是坐立不安，因为他深知唇亡齿寒的道理——朱温拿下了王镕之后，下一个就是自己。所以，他也向李存勖发出了求救信。

其实，李存勖早就有占据河北的心思，于是痛快地答应了两人。就这样，三人成了同盟，联合起来对抗朱温的大军。李存勖派蕃汉马步总管周德威率部屯赵州。

得到李存勖出兵的消息后，朱温也行动了。他命令王景仁率领四万大军向着柏乡进军。很快，李存勖、王镕、王处直、周德威等人会合在一起，驻扎在离柏乡只有五里的野河北岸，与梁军隔着河对峙。大战一触即发。

两军对峙，梁军气势汹汹，装备精良，就连铠甲上都镶着金银。而晋军非常寒酸，气势自然也弱了很多。周德威看到将士们士气低落，便对将士们说："梁军都是新兵，之前都是杀猪的、卖酒的，虽然穿得漂亮，但打起仗来，十个人也打不过你们一个。别看他们身上穿着金银铠甲，只要你们抓到他们，那这些东西就是你们的了。"果然，这一番话令士兵们备受鼓舞，士气高涨。

几次进攻之后，晋军虽然小有收获，却还是因为兵力少落于下风。

周德威随即建议按兵不动，等到梁军士气衰退的时候，再找机会出击。

李存勖却说："现在我军孤军深入，速战速决是最好的策略，还等什么机会呢？"

周德威说出了自己的想法："我们的将士多是骑兵，擅长野战，不擅长攻城，身上的本领根本施展不开啊！"

见周德威这样说，李存勖很不高兴地回了大帐。其他将领见此情景，也不敢说什么。周德威见状，只能找到监军张承业，说明利害关系："两军只有一河之隔，如果对方打算造桥渡河，我们肯定会损失惨重。如果我们退守高邑，用计引诱梁军离开大营，一面不断骚扰使其迷惑，一面趁机抢掠他们的粮草，很快便能大破梁军。"

张承业觉得很有道理，便立即前去劝李存勖。恰在此时，李存勖抓到一个俘虏，得知梁军果然正在暗中营造浮桥。于是，李存勖接受了周德威的建议。

果然，梁军很快就陷入了困境，因为粮草不足，梁军的骑兵几乎失去了战斗力，实力大大地被削弱。

周德威见时机成熟，带兵到柏乡，命三百骑兵到梁军营前挑战。王景仁集结全军，列阵出击。

周德威且战且退，将梁军引向平原地带。两军一直战至高邑之南，都列阵以待。

李存勖听从周德威的建议，按兵不动。傍晚时分，梁军饥饿难耐，士气低迷。

周德威见时机已到，立即发起猛攻。李存勖、李嗣源乘势从东西两面夹击。梁军阵势大乱。

晋军奋力猛攻，梁军大败，王景仁等将领率数十骑夜逃。杜廷隐闻讯，也放弃了深州和冀州。

经此一战，晋军军威大振，朱温受到沉重的打击，后梁在河北的势力退至魏博以南，一蹶不振。李存勖则实力大增，为南下攻打后梁建立后唐创造了有利条件。

历史的角落

神秘的沙陀族

沙陀族，曾是中国北方少数民族之一，原名处月，属于西突厥的一支。沙陀人具有尚武精神，勇猛好斗，作战时所向披靡。五代十国时期，沙陀人共建立了四个王朝：李存勖建立了后唐；石敬瑭建立了后晋；刘知远建立了后汉；刘旻建立了北汉。虽然沙陀族曾经盛极一时，却很快消失得无影无踪。

唐朝的合法继承人

李存勖是李克用的长子，并不是嫡子，可是他很受父亲宠爱，一直是被当作接班人来培养的。李存勖从小就擅长骑射，胆量过人，还喜欢读《春秋》，懂得微言大义，是个文武双全的人。

当年，李克用临死时说出了三个遗愿：一是打败幽州的刘仁恭；二是把契丹赶回北方，解除北方边境的威胁；三是消灭自己最大的敌人朱温。这三件事的难度不可说不大，李存勖最终竟然都完成了。

柏乡之战后，公元912年，李存勖命令周德威围困幽州，刘守光急忙向朱温求救。这次朱温非常重视，还亲自率领大军北上，一边围攻枣强，一边攻打蓨县。虽然他拿下了枣强，但是在蓨县却遭遇了惨败。朱温一下就被气病了，回到洛阳没多久，就被儿子朱友珪杀死了。

朱温死后，后梁陷入了混乱状态。慢慢地，双方局势发生了转变，李存勖掌握了主动权。他趁着这个机会，连续攻破了幽州的几个州县。紧接着，他亲自出战，攻下了幽州，活捉了刘仁恭和他的儿子刘守光。

公元917年，寿州刺史卢文进叛变。契丹皇帝耶律阿保机趁机率领50万大军南下，直逼幽州。李存勖接到周德威的求救消息后，命符存审、李嗣源领兵北上，斩杀了数万契丹兵，收缴了不计其数的牛羊、辎重，使得耶律阿保机狼狈地撤回北方，不敢贸然南下。

击退了契丹之后，李存勖就专心对付后梁了。在长达三年的对峙中，两军时常发生激战，各有胜负。一次次作战，让李存勖成为赫赫有名的"战神"，势力迅速扩张了好几倍。

公元923年，李存勖接受诸镇的劝说，在魏州称帝，沿用"唐"为国号。为了证明自己要恢复和继承唐朝正统，他还追赠父祖三代为皇帝，与唐高祖、唐太宗、唐懿宗、唐昭宗并列为七庙，同时还延续了唐朝旧制。名义上，李存勖成为唐朝合法的继承人，而这也让他之后的征讨变得"名正言顺"。

很快，李存勖就对后梁发起了猛烈的进攻。这一战中，后唐大军势如破竹，迅速攻破汴州，迫使朱友贞自杀。就这样，在对峙了十多年之后，李存勖彻底消灭了后梁，完成了父亲的心愿。

李存勖在战场上是一位出色的将领，在治国上却不是一个好皇帝。唐朝之所以灭亡，是因为存在着三个毒瘤：藩镇割据、宦官专政、朋党之争。李存勖却恢复了宦官制度。他诏命各地将前朝宦官送回京师洛阳，以致宫中宦官激增到近千人。后来，宦官、伶人还在全国各地挑选美女，就连士兵们的家属也未能幸免。

　　因为这些宦官"立了大功"，所以李存勖把他们当作心腹。李存勖不仅纵容他们为所欲为、恃宠争权，还给他们安排了重要的职位，有的任命为诸司使，有的则派到藩镇当监军，这使得各藩镇都很愤怒。

　　李存勖还非常宠信伶人，因为他从小就喜欢听戏，自己闲暇时也喜欢哼唱几句。当上皇帝之后，他就更放纵了。想听戏了，他就召那些伶人进宫来表演，甚至允许他们随意进出宫禁。

　　最荒唐的是，李存勖还封了很多伶人做官，伶人的地位达到了顶

峰。他们看不起朝中的大臣，还时常勾结宦官，卖官鬻爵，陷害忠良。大臣们都敢怒不敢言，有的甚至为了保住自己的官位，刻意去巴结、贿赂他们。

与此同时，李存勖的心胸也变得狭窄起来。他不仅诛杀了一些战功显赫的功臣宿将，还怀疑起父亲的义子李嗣源来，暗中派人把李嗣源监视得牢牢的。

正所谓"多行不义必自毙"，李存勖的恶行让朝中大臣、藩镇将领以及百姓怨愤不已。公元926年，李嗣源发动兵变，李存勖在混乱中被流矢射死。

历史的角落

生子当如李亚子

李亚子，就是李存勖。李克用死后，在张承业的支持下，李存勖火速打败了叔叔李克宁，成功登上晋王的位置。之后，短短几个月，他率领大军突袭围困潞州的梁军，打得梁军一败涂地。朱温听到消息，惊得筷子都掉了，感叹道："生子当如李亚子。和他相比，我的儿子们就像猪和狗一样！"

❧ 托孤大臣张承业 ❧

有这样一个宦官，以任贤识能和敢于纳谏而赢得好的声名，还是名垂青史的托孤重臣。这个人，就是尽心辅佐李克用、李存勖父子的张承业。

张承业小时候就进了宫，后来因为通晓军事，得到了外出主持地方军务的机会。张承业还被唐朝皇帝任命为李克用的监军，深受李克用的尊重与信任。

后来，宰相崔胤在长安大肆诛杀宦官，还让各地的节度使把当监军的宦官通通斩杀。李克用不忍心下手，用一个死囚的首级来假冒张承业，才让他逃过一劫。自此之后，张承业便竭尽全力地辅佐李克用。

公元908年，李克用病重，临死前命张承业与弟弟李克宁等人为辅政大臣，希望他们能好好地辅佐自己的儿子。

父亲去世了，李存勖伤心欲绝，伏在灵柩前大哭不止，连百官都见不了。于是，张承业语重心长地对他说："最大的孝，就是完成你父亲的大业。现在，你光哭有什么用！"随后，他命人把李存勖扶出来，接受百官的觐见。就这样，李存勖正式继承父亲的爵位，成为新的晋王。

张承业是忠心的。可是，同为托孤大臣的李克宁却存了不轨之心。他想要谋夺李存勖的位置，甚至还想着归顺朱温。李存勖得知消息后，不想自相残杀，甚至还想主动让位。

张承业愤怒地说："李克宁想把大王母子扔入虎口，这样的叛逆不尽早除掉，还有什么天理！"于是，他便积极联络李存璋等人，除掉了李克宁。

自此之后，李存勖更加信任张承业了。李存勖想给他加官进爵，张承业断然拒绝了，只承认自己监军的身份。李存勖也不强求，反而更尊敬他。每当出兵打仗，李存勖就把所有事务都交给他全权处理。

张承业积极劝导人们种桑耕地，积蓄金钱和粮食。他执法非常严格，就连李存勖都不纵容。李存勖有时想要赌博或是赏赐伶人，就会向张承业要钱。有一次，李存勖在金库边上摆宴席宴请他，甚至让儿子

李继岌为他跳舞助兴，希望能多得到一些金钱。谁知，张承业只是把自己的宝带和马匹给了李继岌。

　　李存勖气恼地指着金库里的钱，说："和哥（李继岌的乳名）正是缺钱的时候，你就给他一些钱吧。这宝带和马匹值什么钱，怎么够他花呢？"

张承业仍不为所动，说："这都是我自己买的，而金库里的钱是大王的军资，我哪敢动用公家的东西来还私人的人情！"

听了这话，李存勖更生气了，还借着醉酒指责张承业。

张承业也生气了，说："我只是一个年迈的宦官，之所以守着这些钱，不过是为了大王的事业。如果大王想要赏赐别人，那就随便去拿吧！恐怕到最后只落得财尽兵散，一事无成。"

李存勖恼羞成怒，回头就拿佩剑，想杀掉"不知好歹"的张承业。张承业流着泪说："我接受先王的托孤，发誓一定要铲除朱温，如果因为爱惜国家财产而死于大王之手，也是问心无愧了！请大王动手吧！"

幸好李存勖的母亲曹太夫人及时命人召走了李存勖，才避免了一场大祸。

张承业时常劝李存勖要心胸豁达，希望他能广招天下的良才。掌书记卢质是个非常轻狂的人。有一次，他竟然称李存勖的几个弟弟为"猪""狗"。

张承业故意对李存勖说："卢质实在太狂妄了，我建议大王杀了他！"

李存勖却笑着说："我正在广招人才，完成复兴大业，您怎么能说这样的话呢？"

张承业高兴地说："大王您有这样的胸怀，还愁天下不能平定吗？"

公元 921 年，一些人怂恿李存勖称帝，这正合李存勖的心意，于是开始准备和谋划。听到这个消息，张承业立即前来劝阻，希望他能先消灭朱温，然后拥护唐皇后裔为帝，最后再扫平天下。

可李存勖野心勃勃，且心意已定，怎么能听他的劝呢！

张承业知道自己说什么都没用了，

放声大哭起来："将士们浴血奋战三十年，为的就是复兴唐朝。现在元凶未灭，大王却想要自立为帝，真是辜负了我的一片忠心啊。"

张承业从此一病不起，回到太原没多久就去世了。

历史的角落

中国历史上著名的"特种部队"

这支"特种部队"出现在后唐，叫作"横冲都"，是李存勖的弟弟李嗣源率领的。这支部队有上千人，战斗时每每率先发起进攻，或是孤军深入，或是偷袭敌营，横冲直撞，锐不可当。

在解救幽州城的过程中，李嗣源率领一百骑兵连续三次杀入敌阵，如入无人之境，不仅解了幽州之围，还让敌军大将闻风丧胆，自己绑了自己，主动投降。

吴越国王钱镠

相传钱镠出生的时候，屋里出现红光。并且，因为他长得实在太丑了，父亲钱宽认为是不祥的征兆。所以，父亲一狠心，打算把他扔到水井之中。

好在有祖母的疼惜，钱镠才保住了性命。于是，他就有了乳名"婆留"，就是被阿婆留下性命的意思。后来，他去掉了"婆"字，取同音字"镠"，为自己取了钱镠这个名字。

虽然家境贫寒，但是父亲还是把他送进了学堂，希望他成为一个读书人。而钱镠更喜欢舞枪弄剑，对射箭、舞槊都非常精通。十五岁

时，家里更贫困了，他开始铤而走险，做起了贩卖私盐的生意。后来，因为他有头脑，成为私盐商贩的首领，带着大家办起了学堂。

公元 875 年，浙西狼山镇遏使王郢发动了叛乱。石镜都镇将董昌在钱镠的家乡招募士兵。钱镠在此时投靠了董昌，还成了董昌的偏将。

自此之后，钱镠带着部众南征北战，一一平定了朱直管、曹师雄、王知新等势力，还利用虚张声势等计谋，大败黄巢的起义军，使得黄巢不敢进攻杭州。钱镠声名大振，更是得到了淮南节度使高骈的赞赏："这个人将来一定能超越我！"

后来，越州观察使刘汉宏派兵大举进攻杭州，想要吞并董昌的地

盘。这一次，钱镠又立了大功，不仅击溃了刘汉宏，还直接攻到了他的老巢越州，斩杀了他。随即，董昌成功地占据了浙东，便把杭州分给了钱镠这个大功臣。

公元895年，董昌在越州自立为帝，建立大越罗平国，并且任命钱镠为两浙都指挥使。钱镠却认为董昌的行为有些不妥，劝谏说："与其当自立皇帝，让九族、百姓都置于危险之中，还不如当一个节度使，享受终身的富贵！"

虽然董昌听了钱镠的劝说，向朝廷请罪，可为时已晚，唐昭宗并没有饶恕董昌。唐昭宗不仅削除了他的官爵，还让钱镠出兵去讨伐他。

钱镠不得不遵从命令，带领部下攻打越州，抓住了董昌。没想到，在押解董昌去杭州的途中，董昌投江自杀了。钱镠得到了封赏，不仅被任命为镇海、镇东两镇节度使，还被赐予铁券，可以免除九次死罪。对于钱镠来说，这可是无上的荣耀啊！

公元907年，朱温称帝之后，为了拉拢钱镠，封他为吴越王，兼任淮南节度使。钱镠的部下都认为不应该接受朱温的册封，但钱镠却认为这是一个好机会，只要自己等待时机，就一定能像三国的孙权一样。所以，他接受了朱温的册封。

又过了几年，后梁逐渐势弱，朱友珪、朱友贞相继发动政变。一时间，天下大乱，西川、淮南、岭南、福建等地的割据力量纷纷称帝，建立了前蜀、南吴、南汉、闽国。

这些人都劝说钱镠尽快称帝。然而，钱镠深知此时并不是称帝的好时机，所以并没有迎合，他笑着说："这些小子自己坐在炉炭中，还想把我也拉上去吗？"

公元923年，钱镠被册封为吴越国王，于是，他正式建立吴越国，设置丞相、侍郎等百官，一切礼制都是按照皇帝的规格。

钱镠在位四十一年，采取保境安民的政策，使得江南经济繁荣，文士荟萃。

历史的角落

钱镠为什么被百姓称为"海龙王"

钱镠建立吴越国之后，住处简朴，衣衫朴素。他并没有贪图奢华的生活，反而处处体谅百姓的疾苦。同时，他还专门设置水利部队，积极地带领百姓修筑海塘、疏浚内湖，疏浚西子湖，开浚钱塘湖，让它们与运河相通。这一举措让百姓们过上了富裕无忧的生活，也让吴越一带成为富饶的地方。因此，百姓们都称他为"海龙王"。

后唐名相郭崇韬

在消灭后梁的大战中，郭崇韬立下了大功。

他是李存勖的头号智囊。李存勖之所以能击退契丹，正是因为有了郭崇韬的计策。当契丹借口援救镇州、大军压境的时候，晋军将士是非常恐慌的，将领们也都劝李存勖暂时退还魏州。

就在李存勖犹豫不定的时候，郭崇韬站了出来，说："契丹这次挥师南下，并不是为了救镇州，只是为了抢夺财物，如果前锋战败，大军一定会退兵。更何况我军刚刚大胜梁军，士气旺盛，此时若是能趁机驱逐契丹，一定能大胜！"李存勖听从了郭崇韬的意见，挥师北进与契丹军队交锋，果真取得了胜利。

　　对于灭掉后梁，郭崇韬的功劳也是非常大的。当时，后梁军队的精锐都交给了段凝，驻扎在后唐的南面。郭崇韬深知段凝是个无勇无谋的小人，根本不会随机应变。所以，他极力劝说李存勖率领精锐骑兵奇袭后梁的老巢。

　　他对李存勖说："此时的汴州几乎没有什么兵力，如果我们能顺利俘虏后梁的皇帝，梁军肯定会倒戈，那么不出半个月，天下必然被平定。

可若是您不用此计，我们的军粮才够用半个月的，恐怕后果难测啊！"结果，短短八天的时间，李存勖就夺下了汴州。

可以说，郭崇韬立下了不少奇功，功勋是无人能及的。所以，李存勖称帝后，任命他为镇州和冀州节度使，进封赵国公。他还获得了铁券，可以免除十次死罪。

随着威望的大增，郭崇韬变得骄纵蛮横起来。为了巩固自己的权力，他想尽办法排挤与自己不和的人。为了完全掌控枢密院的大权，他让一个年轻的宦官担任枢密使，却让曾经在他的职位之上的马绍宏做宣徽使。这让马绍宏怀恨在心。

可以说，郭崇韬在军事上的才能是出众的，但在心胸上还不够博大。他容不下别人，也不知道尽量团结一些人，更不知道如何识别好人与坏人。

在他位高权重之时，一些善于钻营的小人千方百计地奉承他、巴结他，他竟然不分优劣，毫不犹豫地与他们交往起来。其中有一个叫豆卢革的人，献媚说："汾阳王郭子仪迁移到华阴，而您世代都生活在雁门，想必您一定与汾阳王有些关系吧？"听了这话，郭崇韬欣欣然地说："没错，我就是汾阳王的后代。"之后，他竟然真的以郭子仪的后人自居起来。

不仅如此，他还看不起贫寒之士，认为只有出身较高的门第才有资格做高官。在选拔官员的时候，他会派人去审查官员们的门第，如果发现被推举的人门第不高，不仅不会录用，还要革职、治罪。

一些跟着李存勖的旧功臣想要升职，他还会讽刺地说："我知道你很有才干，但是门第太低了。我可不敢提拔你，否则就会沦为被名流耻笑的笑料了！"就这样，郭崇韬不仅得罪了一大批出身低下的官员，也失去了很多旧臣的支持。

在灭前蜀的战争中，虽然李存勖的儿子魏王李继岌为主帅，但军权实际上都掌握在郭崇韬手中。所以，那些前蜀的王公大臣都争先恐后地巴结郭崇韬，忽视了李继岌。这引起了李继岌身边的宦官的愤怒和不满，他们多次在李继岌面前说郭崇韬的坏话。

与此同时，李存勖派来了宦官向延嗣，催促郭崇韬尽快班师回朝。在郭崇韬看来，宦官是不能重用的，他曾对李继岌说："将来大王继承了帝位，一定不能重用宦官，要把他们全部杀掉，重用士大夫。"

所以，郭崇韬对待向延嗣的态度非常傲慢，根本不把他当回事。向延嗣可没受过这样的气，回去就向李存勖和刘皇后进了谗言，说郭崇韬故意留在蜀地不回，搜刮、霸占了大量金银财物。李存勖本来就对郭崇韬迟迟不班师有意见，这下就更心生疑虑了。

很快，郭崇韬被斩杀，他的五个儿子也全部被杀。这个曾经战功赫赫、风光无限的后唐名相最终落得个身首异处的下场。

历史的角落

历史上割据时间最长的政权

这个政权就是播州杨氏，是中国西南的一个土司政权，公元876年由杨端建立，直到1600年才被明神宗所灭。杨氏家族是世袭首领制，杨家虽然没有称帝，只是割据一方的势力，但实际上就是地方的土皇帝。它存活了七百多年，经历了唐朝、五代十国、北宋、南宋、元朝以及明朝，历经二十九代。

让人捧腹的儿皇帝

石敬瑭从小喜欢读兵法书，常跟随父亲到处打仗，练得了一身本领，尤其骑马射箭更是出色。

李存勖听说石敬瑭善于骑射，就把他提拔到自己身边。当时任代州刺史的李嗣源，对石敬瑭也很器重，将自己的女儿嫁给了他。从此之后，石敬瑭就跟随李家父子转战各地，成为他们的一员骁将。石敬瑭不仅冲锋陷阵、战功卓著，而且多次救过李存勖、李嗣源的性命。

李嗣源称帝后，让石敬瑭做了亲兵的首领。石敬瑭得到前所未有的重用。

石敬瑭不仅在战场上勇猛无比，在管理地方上也有出色的能力。在他的努力下，他坐镇的河东地区成为后唐诸镇中很富饶的一个镇。

然而，石敬瑭的好日子并不长久。公元933年十二月，李嗣源病死，李从厚登上了帝位，是为后唐闵帝。之后，李从珂发动了兵变，成为新的后唐皇帝。

虽然石敬瑭是兵变的功臣，帮了李从珂很大的忙，但李从珂并不信任他，反而把他当成最大的眼中钉，因为石敬瑭的威望太高了。李从珂根本不放心他回到封地，于是便找了个借口把他扣留在京城，还让人暗中监视他。

在京城中，石敬瑭每天都忧心忡忡，战战兢兢。为了能尽早回到封地，他让妻子李氏向母亲曹太后求情。再加上他当时身体有病，最后竟瘦得皮包骨，不像个人样。李从珂看他难以构成什么威胁，就做了个人情，放他回到了河东。

　　尽管如此，李从珂还是不放心，生怕石敬瑭在河东的势力越来越大，自己失去对他的控制。于是，他很快下了一道命令，把石敬瑭调出河东，到别的地方做节度使。

　　石敬瑭与部下桑维翰、刘知远等在晋阳起兵叛乱，宣称末帝是唐明宗养子，不能立作皇帝，要求其传位让王。末帝颁下诏书剥夺石敬瑭所有官爵，派张敬达率兵讨伐。

石敬瑭被围困在晋阳城中，谋士桑维翰给他出了主意：向契丹求助。

此时，耶律阿保机已经死了，他的儿子耶律德光成为契丹的皇帝。于是，石敬瑭让部下起草了一封求救信，信中表明愿意认比自己小十几岁的耶律德光做父亲，还答应打败后唐军队后，向契丹献上雁门关以北的幽云十六州。

这一举动自然遭到其他部将的反对，其中意见最大的就是刘知远。然而，石敬瑭根本不听任何劝说，急急忙忙就派桑维翰带着这些卖国条件去求见耶律德光了。

耶律德光本来就有意南下，对幽云十六州更是垂涎三尺。所以，听说石敬瑭给自己送来这块肥肉时，喜出望外。他一点儿都没犹豫，立即派出五万精锐骑兵，帮助石敬瑭打败了后唐军队。

很快，石敬瑭占据了后唐江山，建立了后晋。做了皇帝之后，他不知廉耻，为了对契丹表示友好，向耶律德光上奏章，称其为"父皇帝"，自己称"儿皇帝"。除此之外，他还大肆搜刮百姓的财物，每年都向契丹进贡三十万匹帛，逢年过节都会派使者给契丹国主、太后、贵族大臣送礼。

契丹人根本看不起石敬瑭，稍不满意，就派人指责他。他不仅不生气，反而点头哈腰地给人家赔礼请罪。

石敬瑭卖国求荣的行径，激怒了手下的将领和各藩镇。很快，国内叛乱四起。在重重压力下，石敬瑭忧郁成疾而死。

石敬瑭死后，中原遭受了巨大的灾难。契丹多次进犯中原，大肆残杀抢掠，民不聊生。同时，幽云十六州长期被契丹占领，成为契丹人进攻中原的基地。

"侄皇帝"刘旻

除了"儿皇帝"石敬瑭，中国历史上还有一位"侄皇帝"，就是北汉的刘旻。因为当时北汉地小民贫，无力抗衡后周，刘旻只得依附辽国，称辽国皇帝为"叔皇帝"，自称"侄皇帝"。虽然这不如"儿皇帝"那样扎眼，但同样令人耻笑。

❧ 后晋与契丹之战 ❧

石敬瑭死后，他的养子石重贵成为后晋的皇帝。

后晋是在契丹的支持下建立的，名义上就是契丹的附属国。后晋人不仅要对着契丹人点头哈腰，还必须听从人家的号令。

石重贵可不是石敬瑭那样没骨气的人，他觉得认契丹皇帝为父的行为是一件屈辱的事情。于是，当上皇帝后，他就决定脱离这种臣属关系，不再受契丹的气。

按照规定，石敬瑭死了，后晋必须派使臣到契丹去告哀，而且告哀书是需要以臣子的身份去书写的。很多老臣认为应该继续向契丹称臣，石重贵虽然很生气，但没有率先发表意见。

侍卫亲军都指挥使景延广愤怒地站了出来，坚决不同意再向契丹称臣。为了不惹怒耶律德光，他提出了一个建议：说石重贵可以以个人名义向耶律德光称孙。

这话刚一说完，宰相李崧就态度强硬地提出了反对意见："虽然向契丹称臣很丢人，但这么做也是为了黎民百姓免受战火的荼毒啊！如果现在和契丹翻脸，陛下必然要亲自出战，结果怎样，谁又能预料呢！到时候，恐怕后悔也来不及了！"

　　显然，李崧说出了众人的担忧，自然也得到了冯道、桑维翰等人的支持。然而，石重贵和景延广却铁了心，坚持和契丹翻脸，还决定和契丹一较高下。

　　这个消息很快传到了契丹。耶律德光非常生气，立即派人斥责石重贵，还给他扣了一个继承皇位不合法的大帽子。契丹使者强硬地说："晋是契丹的臣属国，其继承人必须得到契丹的认可。你即位，并没有通告

契丹，你根本就没有资格当后晋的皇帝！"

然而，石重贵根本没把契丹人当回事，甚至连见都没见契丹的使者，只是让景延广出面。景延广也非常傲气，不但否定了晋朝与契丹的臣属关系，还对契丹使者说："我晋朝有十万口横磨剑，你要是想打就来打吧！到时候被我们打败，就让天下人耻笑了！"

耶律德光没想到会受到这样的对待，于是决定好好地教训一下不知天高地厚的石重贵。公元944年，耶律德光率五万大军挥师南下，直逼贝州，很快攻破了雁门，长驱直入。

大兵压境，石重贵感到大祸临头，就派人写了一封求和信，希望能与契丹恢复关系。然而，耶律德光正志得意满，对"求和"毫不理会。

石重贵求和遭到拒绝，只能硬着头皮应战。就这样，后晋与契丹之战打响了。谁也没有想到的是，虽然石重贵胆怯，也没有出色的指挥才能，但是士兵们早已经忍受不了契丹人的抢夺欺压，个个士气高昂、作战勇猛，把来势汹汹的契丹兵打败了。

耶律德光依旧不甘心，亲自率领几万契丹精锐进攻澶州城。为了鼓舞士气，石重贵斩杀了擒获的契丹兵。晋军再次获胜，逼得耶律德光不得不拔营北去。

晋军的胜利，让石重贵飘飘然了，认为契丹兵的战斗力也不过如此。于是，他决定乘胜追击，亲自带兵征讨契丹，收复幽云十六州。

石重贵虽然有雄心，却用人不察。他任命胆小怕事的姑父杜重威为主帅。对此番出征，石重贵原本充满了信心，可事实给了他致命的打击。杜重威在前线投敌，另一将领张彦泽引兵南下，直趋汴梁城下，包围了皇宫。

石重贵无以为计，一家人被强行迁到开封府。次年正月初，石重贵投降耶律德光。石重贵受尽凌辱，几年后死去。

历史的角落

中国的"木乃伊"皇帝

公元 947 年，耶律德光（即辽太宗）在征讨后晋的返程中病逝了。此时，大军距离辽国都城上京还很远，述律太后却下了命令："生要见人，死要见尸。"无奈，为了防止尸体腐烂，文武大臣不得不把耶律德光的内脏掏空，然后用盐涂满全身，把他的尸体像"羓"牛羊一样"羓"好。于是，就有了中国历史上一个专属名词"帝羓"。

❦ 五代时期最短命的王朝 ❦

在五代时期，中原地区产生了一个汉家政权——刘知远建立的后汉。

刘知远最早是李嗣源的手下，因为救了石敬瑭一命，成了他最信任的人。后来，石敬瑭当了皇帝，自然也没有忘记这个心腹，不仅让他当了节度使，还让他统领禁军，负责保卫自己的安全。

在石敬瑭活着的时候，刘知远是忠心的，可石敬瑭死了之后，他就有了自己的小心思。他想要称霸河东，成就自己的霸业。平庸的石重贵当了皇帝后，刘知远的欲望更强烈了。在后晋与契丹大战的时候，刘知远并没有真心出多少力，反而借着这个机会暗中招兵买马，等待着举兵自立的机会。

公元 947 年，后晋灭亡，耶律德光穿上了汉族的礼制衣服，登上了崇元殿，改晋国为大辽国。趁着这个机会，刘知远带兵攻入洛阳，杀死了被辽国扶植的傀儡许王李从益。随即，河东行军司马张彦威与他的文武将吏等人认为中原不能没有主人，便纷纷劝威望很高的刘知远登上帝位。刘知远暗自高兴，假意推辞了几次，便欣然答应了。

很快，刘知远在太原称帝，建立了后汉政权。不过，他并没有改国号，而是沿用了石敬瑭的年号。紧接着，刘知远推行了一系列让人振奋的措施，禁止为契丹括取钱帛，处死所有在各地的契丹人，还积极地慰劳保卫地方、抗击契丹的百姓。这些做法让他获得了拥护，一些后晋旧

臣都向他投诚。

刘知远虽然笼络人心很有一套，但骨子里却是个嗜杀成性的残暴之人。当上皇帝之后，他的本性就彻底暴露出来。不到一年时间，他就杀了后晋大部分旧臣，包括那些曾经和自己并肩战斗的同僚。

同时，他还重用昔日的心腹，让他们成为朝廷重臣。其中包括郭威、苏逢吉、史弘肇等人。除了郭威之外，这些人个个都是粗暴无知、贪婪残酷之徒。尤其是苏逢吉和史弘肇，都是有名的酷吏。

在刘知远做河东节度使的时候，苏逢吉掌管军法。他经常滥用权力，屠杀无辜，还用残忍的刑罚随意杀害那些有功的将士。大权在握之后，他更肆无忌惮了，仗着刘知远的宠信，陷害、滥杀了很多无辜的人。

史弘肇非常凶狠、粗暴。就算将士犯了一个小错，他也会施以严酷的鞭打之刑。他喜欢喝酒，喝醉之后，就会虐待士兵，甚至以杀人为乐。

有的官员非常贪婪，时常借着权势来聚敛百姓的钱财。这些钱财不仅供自己享乐，还分给自己的亲戚族人，百姓只能敢怒而不敢言。

公元948年，刘知远只当了一年皇帝就病死了，他的儿子刘承祐即位，是为后汉隐帝。刘知远活着的时候，那些旧臣还不敢太放肆。刘知远死后，他们的野心很快就冒出来了。

汉隐帝年幼，朝政被旧臣杨邠、史弘肇、王章、郭威把持，武夫掌权，歧视文臣，致使内部矛盾不断。这些武夫悍将，个个专横跋扈，议论朝政时，吵吵嚷嚷，大呼小叫，根本不把皇帝放在眼里。这些人只知舞枪弄刀，根本不懂安邦定国的道理。有时他们争吵起来，甚至拔刀动剑，几乎闹出人命。

各种跋扈行为使汉隐帝实在忍无可忍，派亲信带兵在殿门外埋伏好，趁杨邠、史弘肇、王章三人上朝之时，一举将他们杀死，全部灭族。之后，汉隐帝又派人刺杀镇守邺都的郭威。郭威也不是坐以待毙的人，在得到密报后，毅然举兵反叛。

公元 950 年，郭威攻入汴京。刘承祐在逃亡的时候被乱军杀死。

就这样，后汉灭亡了，这个王朝只存活了不到四年，成为五代时期最短命的王朝。

历史的角落

中国历史上最短命的王朝

后汉是一个短命的王朝，但它还不是最短命的。在中国历史上，有一个王朝只存活了三十三天，它就是"伪楚"，也被后人称为"张楚"。它出现在北宋和南宋交替时期，是金人扶持原北宋太宰张邦昌建立的。张邦昌之所以被选中，就是因为他胆小懦弱，整天都哭哭啼啼的。据说，登基那天，他是哭着坐上皇位的。

运气爆棚的周世宗

柴荣之所以能成为皇帝，是因为运气眷顾了他。要不是运气爆棚，恐怕他和皇位是没有任何关系的。

柴荣的父亲是当地有名的富绅，只可惜后来家道中落了，柴荣一家的生活也变得窘迫起来。无奈，柴荣只能投靠姑母。柴荣的姑母是郭威的夫人，这样一来，柴荣便成了郭威身边的人。

郭威还没发迹的时候，家里的生活并不好。柴荣只能往返于各地贩卖茶叶，帮助姑母缓解家中的困难。他生性谨厚，在帮助姑母做事期间不忘读书、练习武艺。柴荣很得郭威喜爱，被收为义子。

后来，柴荣长大了。郭威追随刘知远时，身边需要一个可靠的帮手，而且他深知在群雄割据的时代经商不如习武，便劝导柴荣弃商从戎。柴荣听从了郭威的建议，之后便跟随郭威南征北战。

再后来，郭威灭掉了后汉，成功夺得了帝位。然而，他付出的代价也是惨痛的，妻子和几个儿子都被杀害了，成了孤家寡人。就这样，柴荣成了皇位的唯一继承人。

公元 954 年正月，郭威因病去世，柴荣登基成为新皇，是为后周世宗。这个时候，柴荣才三十三岁，年富力强、雄心勃勃，想要成就一番大事业。他问精究术数的左谏议大夫王朴："我能当多少年皇帝？"

王朴回答说："微臣才学粗鄙，根据我所学的推测，三十年后的事情并不能知晓。"

柴荣听后十分欣喜地说："那我就定下一个三十年计划，用十年开拓天下，十年让百姓安居乐业，十年给天下一个太平。"

为实现这一目标，柴荣开始励精图治，锐意改革。他先是整顿吏治，重新修订法典，对贪官污吏进行重罚，取得了一定的成效。

他还任用贤能的人。他力排众议，任用了不是通过科举及第的魏仁浦，使得朝廷出现欣欣向荣的景象。柴荣又整顿禁军，让赵匡胤广招天下壮士，淘汰那些老弱的士兵，使得整顿后的禁军士卒精强，所向无敌。他还积极鼓励农民开垦荒田，取消苛捐杂税，促使后周的经济得到很大发展。

接下来，柴荣开始南征北战，为统一天下做准备。他三征南唐，将富庶的淮南十四州全部划入后周的版图。后又击败了后蜀，拿下了秦、凤、成、阶四州之地。这一系列征战，不仅让柴荣扩大了势力范围，还震慑了南方的割据势力。

公元 959 年，柴荣改变了南征的计划，开始北伐幽州，希望从契丹人手里夺回幽云十六州。这一次北伐，柴荣长驱直入，仅仅四十多天，就连收三关三州。然而，正当柴荣想趁机夺取幽州时，却突发疾病，且一病不起。无奈，他只好班师回朝。

回到开封后，柴荣深知自己命不久矣，只可惜天下未定，壮志未酬。于是，他积极地筹划着，为了自己年仅七岁的儿子，也是为了后周的社稷。深思熟虑之后，他安排了军、政、地方节度使三方辅政。

他先是立天雄军节度使符彦卿的女儿为皇后。符彦卿是当时最有实力的地方军事首领。有这样的靠山，儿子的皇位自然就稳固了。随后，他又并立范质、王溥和魏仁浦三人为相，三人相互补充，相互牵制。最后，柴荣撤掉了张永德，让赵匡胤担任殿前都点检。换句话说，他把护卫儿子的重任交给了赵匡胤。

安排好一切，柴荣去世了。从病发到去世，只短短一个月。随后，他的儿子柴宗训即位，是为周恭帝。

柴荣怎么也没有想到，自己的周密安排最终落了空。只过了半年时间，赵匡胤便黄袍加身，把柴宗训赶下了皇位。

历史的角落

柴荣是被累死的

柴荣在位五年半的时间，却做了很多君主一辈子都没做完的大事。他亲征五次，并且年年亲征。每年几乎一半的时间，他都在外征战。剩余的时间，他改革吏治、整治禁军，修订了礼乐、刑法，扩建了开封城，还想办法为征战筹集物资。因为柴荣做事太拼命，节奏太快，所以才把身体累垮了。他突发疾病之后再也无法恢复，最终英年早逝。

三征南唐

南唐，是十国中版图最大的一个政权，建立者名叫徐知诰。徐知诰原本是南吴的将领，取代了南吴之后称帝，建立了齐，史称"徐齐"。

徐知诰原本姓李，据说还是唐宪宗之子建王李恪的四世孙。当了皇帝后，他便恢复了李姓，改名为李昪，改国号为"唐"，于是后人称其为

"南唐"。

李昪在位期间采取了保境安民的政策，与相邻的国家保持着友好的关系。再加上他采取了一系列措施，轻徭薄赋，劝课农桑，兴科举、建学校，使得南唐越来越强，文化昌盛。

后来，李昪的儿子李璟继位。他一上位就改变了对外策略，不仅与吴越冲突不断，还积极发兵入侵他国，企图开疆扩土。公元951年，南楚内乱，而此时也正是后汉、后周政权交替的混乱之际，李璟便趁乱发兵南楚，占领了大部分楚地，让南唐的疆土达到了顶峰。

南唐大获全胜之后，也给自己招来了祸端。连连取胜的李璟变得自大起来，还妄想吞并天下。他暗中联合北汉和辽，商议着一起对付

后周。

此时，柴荣正忙着平定后蜀，自然也就没时间和他计较了。后蜀平定之后，柴荣才集中精力对付南唐。公元955年，柴荣派李谷带兵南下。李谷作战勇猛，很快就来到淮河一带。李谷带领将士们在河面搭建浮桥，渡过了淮河，连续击败南唐部队。紧接着，柴荣亲自出征。他重用了赵匡胤，而赵匡胤也没有辜负他的期望。赵匡胤先是用伏兵之计打败南唐水军，之后又连夜奔袭清流关，打得南唐军队猝不及防，几乎全歼了其主力部队。

李璟害怕，派使者向柴荣求和，表示愿意认柴荣为兄。柴荣知道这是缓兵之计，毫不犹豫地拒绝了。

他先是扣押了使者，然后派大将韩令坤突袭扬州城。周军攻势非常猛，很快就攻陷了南唐在江北的多个州县。可惜的是，天降暴雨，周军的补给遇到困难，柴荣深知孤军深入的危险，只能选择撤兵。

返回大梁后，柴荣总结了经验。他命将士们打造战船，训练水上作战技能。数月之后，柴荣再一次南下征讨南唐。这一战，柴荣打得很轻松，只紫金山一役就大败南唐主力，迫使守将刘仁瞻主动投降。

这个时候，柴荣以为大局已定了，剩下的后唐军队根本不值一提，于是高高兴兴地返回了大梁。谁知道，南唐军反扑，后周大军在濠州受到重创。大量军资被烧毁，有的地方甚至全军覆没。

眼看着损失惨重，战果付诸东流，柴荣不得不第三次南征。很快，他亲率大军渡过淮水，在濠州城西驻扎下来。濠州守兵已经连续作战多时，且城中物资已尽，根本抵挡不住柴荣的攻势。于是，守将很快就投降了。

这一次，柴荣吸取了教训，坚决不给南唐一丝喘息的机会。他继续乘胜出击，目的就是攻占淮河一线的泗州和楚州。短短几日，泗州守将迫于压力，不战而降。之后，柴荣采取了三路大军并进的方法，赵匡胤一马当先，攻下了楚州。

随后，柴荣又命令赵匡胤攻击后唐战船，一直把后唐水师赶到了长江南岸，同时摆出了直逼金陵的姿态。身在金陵的李璟没有了昔日的气势，急慌慌地再次派出使者求和，并且表示愿意去帝号，割让江北十四州。

其实，柴荣并不想此时就灭了南唐，于是就接受了李璟的求和。自此之后，后周的版图又多了十四州、六十县，实力大大增强。

南唐则由南方最强大的政权变成一个小国，只能偏安一隅。

历史的角落

裹足的始作俑者是南唐后主李煜

当时，李煜看到宠妃窅娘跳舞非常优美，尤其跳采莲舞的时候更是身姿婀娜，优美动人。于是，李煜便命人专门搭建了一座六米高的金饰莲花高台，让窅娘用帛把脚裹缠成新月状在上面跳舞。果然，她的舞姿更加动人了。自此之后，后宫便纷纷效仿这个窅娘。后来，裹足也在民间流传开来。

大宋王朝的开始

赵匡胤出身于军人家庭，青年时跟着郭威、柴荣经历了不少战争的洗礼，成为后周最能征善战的将领。

在作战的时候，赵匡胤非常骁勇，而且颇有谋略。

公元 954 年，北汉和契丹联合侵犯后周，柴荣亲自率军北上迎击。大战刚一开始，后周的两名将领就逃走了。危急关头，赵匡胤大声高呼："主上身陷险境，我们应该拼死一战！"说完，赵匡胤和张永德各率两千精兵冲了上去。将士们看到这一幕，士气大振，大破北汉军。

在围攻太原的时候，赵匡胤的表现也非常突出，并且立下了大功。当时，后周大军轮番攻击太原城，却久攻不破。赵匡胤带人冲到城门下，直接放了一把火，把城门点着了。太原城里万箭齐发，赵匡胤的左臂被流箭射中。

自此之后，柴荣越来越信任赵匡胤，也越来越器重他，不仅屡屡给他升职，还让他统领禁军。就这样，赵匡胤成为柴荣的亲信将领之一。在征伐淮南、幽州之后，赵匡胤因为赫赫战功，得到了不少封赏，先后被任命为殿前都指挥使、定国军节度使、忠武军节度使等职位。赵匡胤在军中的权势也随之增强。

公元 959 年，柴荣英年早逝，年幼的柴宗训成为后周新帝，赵匡胤成为托孤大臣，担任殿前都点检。但是，柴荣并未完全信任赵匡胤，他把兵符交给了另一位禁军将领。

当时的后周政局不稳、人心浮动。一些忠于后周的官吏纷纷劝说柴宗训别再让赵匡胤掌管禁军，甚至还有人主张尽早除掉他。年幼的柴宗训只是改任赵匡胤为归德军节度、检校太尉。

与此同时，赵匡胤及其心腹也在行动，积极准备着兵变事宜。

很快，北汉和契丹再次联兵南下，宰相范质急忙让赵匡胤率军北上御敌。赵匡胤接到命令，一刻也不耽误，第二天就统率大军离开了开封。大军行至陈桥驿的时候，他的一些亲信在军中散布言论：皇帝年幼，不能亲政，就算我们再杀敌效力，也没有人知道。既然如此，就应

该先拥立赵匡胤为帝，然后再北伐。很快，将士们的兵变情绪就被煽动起来。

过了一日，赵匡胤的弟弟赵匡义和亲信赵普，趁着赵匡胤酒醉刚醒之际，把准备好的黄袍披在了他的身上，然后众人一起下跪，高声大喊："请点检做天子！"

赵匡胤装出一副为难的样子推辞着，而他的心腹则不管不顾地把他"架"上了马。坐在马上，赵匡胤说："既然你们拥立我为天子，那么能听从我的命令吗？"

将士们高呼："我等听陛下命令。"

赵匡胤继续说："到了京城，一定要保护好太后和幼主，不许侵犯朝中大臣，不许抢掠府库。有人若是不听命令，我一定会严办！"听了这话，将士们更加佩服他的仁慈与大义，更愿意跟随他了。

开封的守城主将石守信、王审琦等人都是赵匡胤的好兄弟。赵匡胤率兵回到开封时，他们得悉兵变成功，就为赵匡胤开了城门。就这样，赵匡胤兵不血刃地拿下了开封城。随即，他让柴宗训颁布了禅位的诏书，自己登上了皇位，定国号为"宋"，仍定都开封。

赵匡胤虽然当上了皇帝，但是看着天下割据势力林立，依然忧心忡忡。他对赵普说："我一直睡不着觉啊，因为卧床之外都是其他人的地盘。"于是，在赵普的谋划下，宋军先是击溃了后周残余势力李筠、李重进等人，接着采取"先南后北"策略，先后灭掉了后蜀、南汉、南唐等割据政权。

自此，大混乱的五代十国时期终于结束了，大宋王朝也开始了。

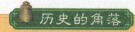
历史的角落

杯酒释兵权

公元 961 年七月，赵匡胤邀请石守信等一众亲信大臣喝酒，其间叹息道："我的江山是靠你们得来的，但是做天子真的很难，还不如当个节度使快活轻松！"众人听了，急问缘由。赵匡胤又说："哎！皇帝的位置谁不想做啊！"众人这才明白，原来皇帝是担心他们夺权篡位，于是赶紧交出了兵权。

实际上，释兵权是一个复杂、长期的过程，不是一次酒宴就能解决的。杯酒释兵权是宋太祖为加强皇权，巩固统治所采取的一系列政治军事改革措施的开始。其后，他在军事制度方面进行了多方面的改革。